TITOLO

LOGISTICA INVERSA DOMESTICA

Promuovere la sostenibilità e la Green Economy nelle abitazioni

ANDREA DOLFI

DEDICA

A mio padre che ha avuto cura di me

CONTENTS

PROLOGO

Cari Lettori,

Benvenuti in un viaggio attraverso il mondo della logistica inversa domestica. Questo libro è stato scritto pensando a voi, donne e uomini intelligenti, che siete sempre alla ricerca di nuove conoscenze e competenze.

La logistica inversa domestica potrebbe sembrare tecnico e forse lontano dalle vostre esperienze quotidiane. Tuttavia, è più vicino di quanto voi pensiate. Ogni volta che restituite un prodotto acquistato online, ogni volta che riciclate o riparate un vecchio elettrodomestico, ogni volta che donate un vestito che non indossate più, state partecipando al processo di logistica inversa domestica.

Questo libro vi guiderà attraverso i meandri di questo campo, spiegando i concetti chiave in modo chiaro e accessibile. Vi mostrerò come le decisioni che prendete ogni giorno possono avere un impatto significativo sulla sostenibilità del nostro pianeta.

Speriamo che questo libro vi ispiri a vedere le vostre scelte quotidiane sotto una nuova luce. Che possa stimolare la vostra curiosità e vi incoraggi a fare scelte più consapevoli e sostenibili nella vostra vita quotidiana.

Con affetto,

Andrea Dolfi

Introduzione

La logistica inversa, tradizionalmente associata al recupero e al riciclo dei prodotti nell'ambito aziendale, può giocare un ruolo significativo anche nelle abitazioni private. Questo libro esplora come l'implementazione della logistica inversa nelle case possa promuovere la sostenibilità ambientale e contribuire alla crescita della green economy. Attraverso l'analisi di strategie pratiche e casi di studio, si illustra come ogni individuo possa partecipare attivamente alla promozione di uno stile di vita più sostenibile attraverso la logistica inversa domestica. Nell'era moderna, la consapevolezza ambientale è diventata una priorità sempre più urgente. Mentre le aziende adottano la logistica inversa per ridurre l'impatto ambientale dei loro processi, è giunto il momento di estendere questo concetto anche alle abitazioni private.

Nel contesto attuale, in cui la crisi climatica e la riduzione delle risorse naturali sono questioni sempre più urgenti, diventa fondamentale esplorare nuovi approcci per ridurre l'impatto ambientale a livello individuale. La logistica inversa domestica rappresenta un'opportunità significativa in questo contesto, consentendo a ogni nucleo familiare di assumere un ruolo attivo nella promozione della sostenibilità ambientale. Le aziende hanno dimostrato che la logistica inversa può non solo ridurre i rifiuti e le emissioni, ma anche generare valore economico attraverso il riciclo e il riutilizzo delle risorse. Applicando questo principio alle abitazioni private, si aprono nuove prospettive per ridurre l'impatto ambientale della vita quotidiana e contribuire alla crescita di un'economia verde. Questo libro si propone di esplorare in dettaglio come la logistica inversa domestica possa essere implementata in maniera pratica e efficace nelle abitazioni private. Attraverso l'analisi di strategie, casi di studio e suggerimenti pratici, offre un quadro completo delle opportunità e dei benefici che questo approccio può offrire, invitando ogni individuo a partecipare attivamente alla costruzione di un futuro più sostenibile.

La crisi climatica e la crescente scarsità delle risorse naturali richiedono un cambiamento radicale nei nostri comportamenti e nelle nostre abitudini di consumo. La logistica inversa domestica offre un modo tangibile per affrontare queste sfide a livello individuale, trasformando le abitazioni private in hub di sostenibilità. Attraverso l'adozione di pratiche come il riciclo, il riutilizzo e il corretto smaltimento dei rifiuti, ogni nucleo familiare può contribuire in modo significativo alla riduzione dell'impatto ambientale e alla creazione di un futuro più verde e sostenibile.

Questo libro si propone di essere una guida pratica e ispiratrice per coloro che desiderano adottare la logistica inversa nelle proprie case. Attraverso l'esplorazione di strategie innovative, l'analisi di casi di studio di successo e la condivisione di suggerimenti utili, offre agli individui gli strumenti necessari per trasformare le loro abitazioni in luoghi di sostenibilità e responsabilità ambientale. Invita ogni lettore a unirsi al movimento per un futuro migliore, dimostrando che anche le azioni più piccole possono fare la differenza nel grande quadro della lotta contro il cambiamento climatico e per la salvaguardia del nostro pianeta.

CAPITOLO 1. CONCETTI FONDAMENTALI DELLA LOGISTICA INVERSA DOMESTICA

◆ ◆ ◆

La logistica inversa è un concetto che si basa sull'ottimizzazione dei flussi di materiali e sul recupero di prodotti al termine del loro ciclo di vita, con l'obiettivo di ridurre i rifiuti e promuovere la circular economy. Nel contesto domestico, la logistica inversa si concentra sull'organizzazione efficace della raccolta, del riutilizzo, del riciclo e della corretta gestione dei rifiuti generati all'interno delle abitazioni.

La logistica inversa domestica rappresenta una tappa cruciale verso la trasformazione delle abitazioni private in centri di sostenibilità. Per comprendere appieno questo concetto, è importante esplorare i suoi principi fondamentali e le sue applicazioni pratiche.

La logistica inversa domestica si basa sull'ottimizzazione dei flussi di materiali all'interno dell'ambiente domestico. Questo implica una gestione efficiente dei consumi, una riduzione degli sprechi e una massimizzazione del riutilizzo dei materiali esistenti.

Attraverso l'organizzazione strategica degli spazi e l'adozione di pratiche di consumo responsabile, le famiglie possono ridurre la quantità di materiali in entrata e in uscita dalle loro case, contribuendo così a un uso più efficiente delle risorse.

Un altro aspetto chiave della logistica inversa domestica è il recupero dei prodotti al termine del loro ciclo di vita. Questo include il ritiro e il riutilizzo di prodotti usati, la raccolta differenziata dei rifiuti e il riciclo dei materiali.

Il recupero dei prodotti può avvenire attraverso varie modalità, tra cui la donazione a organizzazioni benefiche, il ricondizionamento per un nuovo utilizzo, o il corretto smaltimento per il riciclo.

La logistica inversa domestica si inserisce all'interno del concetto più ampio di circular economy, che mira a ridurre al minimo il consumo di risorse e l'emissione di rifiuti attraverso la creazione di cicli di vita dei prodotti più sostenibili.

Incorporando principi come il riutilizzo, il riciclo e la riduzione degli sprechi nella gestione domestica, si favorisce la chiusura del ciclo dei materiali e si promuove un'economia circolare più resiliente e sostenibile.

In sintesi, la logistica inversa domestica si basa su una serie di concetti chiave, tra cui l'ottimizzazione dei flussi di materiali, il recupero dei prodotti al termine del loro ciclo di vita e la promozione della circular economy. Questi principi forniscono la base per la progettazione e l'implementazione di strategie efficaci per ridurre l'impatto ambientale delle abitazioni private e contribuire alla costruzione di un futuro più sostenibile.

1.1 Definizione di Logistica Inversa Domestica

La logistica inversa domestica si riferisce al processo di gestione dei rifiuti e dei materiali all'interno delle abitazioni, che mira a massimizzare il recupero di risorse, minimizzare lo smaltimento in discarica e promuovere la sostenibilità ambientale. Include attività come la raccolta differenziata, il riutilizzo di oggetti ancora utilizzabili, la riparazione di prodotti danneggiati e il corretto smaltimento dei rifiuti.

La definizione fornita per la logistica inversa domestica è precisa e completa. Tuttavia, potremmo ampliarla leggermente per includere ulteriori sfaccettature e aspetti importanti di questo processo. Ecco una possibile revisione:

La logistica inversa domestica è un processo complesso che si concentra sulla gestione responsabile dei materiali e dei rifiuti all'interno delle abitazioni, con l'obiettivo primario di massimizzare il recupero di risorse, ridurre al minimo lo smaltimento in discarica e promuovere la sostenibilità ambientale. Essa comprende una serie di attività mirate, tra cui la raccolta differenziata dei rifiuti per facilitare il riciclo, il riutilizzo e il ricondizionamento di oggetti ancora funzionanti, la riparazione di prodotti danneggiati o difettosi per prolungarne il ciclo di vita, e infine, il corretto smaltimento dei rifiuti non riciclabili in modo da ridurne al minimo l'impatto ambientale.

La logistica inversa domestica coinvolge anche l'organizzazione degli spazi domestici per facilitare la corretta gestione dei materiali, l'adozione di pratiche di consumo responsabile per ridurre gli sprechi e la partecipazione attiva delle famiglie nella promozione di comportamenti sostenibili. Inoltre, può includere il coinvolgimento delle comunità locali e delle autorità competenti per implementare programmi di riciclo e smaltimento dei rifiuti efficaci e efficienti.

In sintesi, la logistica inversa domestica è un approccio integrato e olistico alla gestione dei materiali e dei rifiuti nelle abitazioni, che mira a ridurre l'impatto ambientale, promuovere la circular economy e incoraggiare uno stile di vita più sostenibile a livello individuale e comunitario.

1.2 Importanza della Logistica Inversa Domestica

La logistica inversa domestica riveste un'importanza crescente nella promozione della sostenibilità ambientale e nell'affrontare la sfida globale dei rifiuti. Attraverso pratiche di riciclo, riutilizzo e riparazione, le famiglie possono contribuire in modo significativo alla riduzione dell'impatto ambientale delle proprie attività quotidiane e alla conservazione delle risorse naturali.

La sezione sottolinea l'importanza della logistica inversa domestica in modo chiaro e diretto. Potremmo arricchirla ulteriormente aggiungendo alcuni dettagli e dati che supportino questa affermazione. Ecco una possibile amplificazione:

L'importanza della logistica inversa domestica non può essere sottovalutata, specialmente considerando l'attuale crisi ambientale e la crescente quantità di rifiuti prodotti in tutto il mondo. Le abitazioni rappresentano un punto cruciale dove le pratiche di gestione dei materiali possono fare una differenza significativa nell'impatto complessivo sull'ambiente.

Secondo dati recenti, le famiglie sono responsabili di una considerevole quantità di rifiuti urbani, contribuendo significativamente alla crisi dei rifiuti e all'inquinamento ambientale. Tuttavia, la logistica inversa domestica offre un approccio pratico e accessibile per affrontare questa sfida, consentendo alle famiglie di diventare parte della soluzione anziché del problema.

Attraverso pratiche come il riciclo, il riutilizzo e la riparazione degli oggetti, le famiglie possono ridurre drasticamente la quantità di rifiuti destinati alle discariche, contribuendo così alla conservazione delle risorse naturali e alla riduzione delle emissioni di gas serra associate alla produzione e allo smaltimento dei materiali.

Inoltre, la logistica inversa domestica può avere un impatto positivo sull'economia locale, creando opportunità per piccole imprese e artigiani nel settore del ricondizionamento e della riparazione di prodotti. Ciò non solo favorisce la creazione di posti di lavoro sostenibili, ma contribuisce anche a una maggiore resilienza economica delle comunità.

In sintesi, la logistica inversa domestica non solo offre un modo efficace per gestire i rifiuti domestici, ma ha anche un impatto positivo sull'ambiente, sull'economia locale e sulla qualità della vita delle famiglie. Investire in pratiche sostenibili all'interno delle abitazioni è essenziale per affrontare le sfide ambientali globali e costruire un futuro più verde e prospero per le generazioni future.

1.3 Obiettivi della Logistica Inversa Domestica

I principali obiettivi della logistica inversa domestica includono:

- *Riduzione dei Rifiuti*: Promuovere pratiche di consumo responsabile e ridurre la quantità di rifiuti generati all'interno delle abitazioni.
- *Risparmio di Risorse*: Recuperare materiali e risorse preziose dai rifiuti attraverso il riciclo e il riutilizzo.
- *Promozione della Circular Economy*: Favorire un'economia circolare in cui i materiali vengono continuamente riutilizzati e riciclati, riducendo la dipendenza dalle risorse naturali vergini.
- *Conservazione dell'Ambiente*: Ridurre l'inquinamento ambientale causato dallo smaltimento in discarica e promuovere la conservazione della biodiversità e degli ecosistemi.

CAPITOLO 2. PROMUOVERE PRATICHE DI CONSUMO RESPONSABILE

◆ ◆ ◆

Promuovere pratiche di consumo responsabile e ridurre la quantità di rifiuti generati all'interno delle abitazioni è essenziale per contribuire alla sostenibilità ambientale e alla gestione responsabile delle risorse. Ecco alcuni suggerimenti pratici per ridurre gli rifiuti domestici:

- *Riduci l'uso di imballaggi:* Preferisci acquistare prodotti sfusi o con imballaggi minimali e evita prodotti con eccessivo packaging.

- *Scegli prodotti durevoli e di qualità:* Investi in prodotti che durano nel tempo e che possono essere riparati anziché sostituiri frequentemente.

- *Riutilizza e ricicla:* Riutilizza gli oggetti quando possibile anziché gettarli via. Ricicla materiali come carta, plastica, vetro e metallo seguendo le raccolte differenziate previste nella tua zona.

- *Compostaggio:* Utilizza gli scarti alimentari e vegetali per compostare e creare fertilizzante naturale per piante e orti

- *Pianifica gli acquisti:* Fai una lista della spesa e pianifica i pasti in modo da acquistare solo ciò che è necessario, evitando sprechi alimentari.

- *Acquista prodotti riciclabili:* Preferisci prodotti confezionati in contenitori ricaricabili o in materiali riciclabili

- Utilizza borracce o contenitori riutilizzabili: Risuci l'uso di bottiglie di plastica monouso utilizzando borracce riutilizzabili per l'acqua e contenitori per il cibo.

- Promuovi lo scambio e il dono: Condividi oggetti che non utilizzi più con amici, familiari o donali a organizzazioni benefiche.

- Partecipa a programmi di riciclo o di raccolta differenziata nella tua zona e partecipa attivamente a tali iniziative.

- Educazione e sensibilizzazione: Coinvolgi la tua famiglia e la comunità nella sensibilizzazione sull'importanza della riduzione dei rifiuti e del consumo responsabile.

2.1 Esempi di come ridurre l'uso di imballaggi

2.1.1. Ridurre al minimo il ricorso a prodotti usa e getta, come piatti, bicchieri, posate, cannucce, tovaglioli e sacchetti di plastica. Questi prodotti generano una grande quantità di rifiuti e hanno un impatto negativo sull'ambiente. Puoi sostituirli con prodotti riutilizzabili, lavabili o biodegradabili.

2.1.1. Scegliere packaging più sostenibili della plastica, come il vetro, il cartone, il legno o il metallo. Questi materiali sono più facilmente riciclabili e hanno una minore impronta ecologica. Puoi anche optare per prodotti con il minimo indispensabile di imballaggio. o con imballaggi realizzati con materiali riciclati o compostabili.

2.1.2. Riutilizzare contenitori di vetro, plastica e carta, invece di buttarli via. Puoi usare i barattoli di vetro per conservare alimenti, le bottiglie di plastica per fare oggetti creativi, le scatole di cartone per organizzare la tua casa. In questo modo, riduci rifiuti e risparmi denaro.

2.1.3. Preferire i prodotti sfusi, dagli alimenti ai detersivi. Puoi acquistare questi prodotti portando con te contenitori riutilizzabili, come sacchetti di stoffa, scatole di metallo o bottiglie di vetro. In questo modo, eviti di comprare prodotti confezionati in plastica o carta. che spesso sono sovra-dimensionati e inquinanti.

2.1.4. Prediligere confezioni più grandi, che in proporzione hanno meno imballaggio. Se devi comprare prodotti confezionati, scegli quelli con il maggior peso o volume possibile, in modo da ridurre il rapporto tra imballaggio e prodotto. Per esempio. è meglio comprare una bottiglia da due litri di acqua che quattro bottiglie da mezzo litro.

2.1.5. Cercare prodotti senza imballaggio, anche per l'igiene personale. Puoi trovare in commercio prodotti come saponi, shampoo. balsami, dentifrici e deodoranti in forma solida, che non hanno bisogno di contenitori di plastica. Questi prodotti sono spesso naturali e hanno una lunga durata.

2.2 Esempi di come scegliere prodotti durevoli e di qualità

Ecco alcuni esempi:

2.2.1. Scegliere prodotti alimentari di qualità significa prestare attenzione alla loro origine, composizione, modalià di produzione e conservazione. Alcuni criteri per valutare la qualità degli alimenti sono: la presenza di certificazioni di qualità, la lettura dell'etichetta, la preferenza per prodotti locali, stagionali e biologici, la verifica della data di scadenza e delle condizioni di imballaggio.

2.2.2. Scegliere prodotti durevoli significa optare per beni che hanno una lunga vita utile, che non richiedono una frequente sostituzione. Alcuni criteri per valutare la durata dei prodotti sono: la garanzia offerta dal produttore, la qualità dei materiali e delle componenti, la possibilità di riparazione e manutenzione, la resistenza all'usura e agli agenti esterni.

2.2.3. Scegliere prodotti durevoli e di qualità significa anche fare scelte responsabili e sostenibili, che rispettino l'ambiente e la società. Alcuni criteri per valutare l'impatto dei prodotti sono: la riduzioni dei rifiuti e degli imbalaggi, il risparmio energetico e idrico, la tutela della biodiversità e del benessere animale, il sostegno al commercio equo e solidale.

2.3 Esempi di riutilizzo e riciclo

Ecco alcuni esempi:

2.3.1. Riutilizzare le bottiglie di vetro per conservare alimenti e bevande

2.3.2. Riciclare i fondi di caffè per fertilizzare il terreno del giardino.

2.3.3. Riutilizzare gli spazzolini da denti per pulire i sanitari, le fughe delle piastrelle o i gioielli.

2.3.4. Conservare le scatole di cartone per prossimi riutilizzi ed evitare una sovrapproduzione di cartone. Possono anche essere riciclati per creare casette per animali. Potete trovare online alcuni tutorial creativi.

2.4 Esempio di compostaggio

Il compostaggio domestico consiste nel trasformare gli scarti organici di cucina e giardino in un fertilizzante naturale per le piante. Per fare il compostaggio domestico, si può usare una compostiera, un contenitore apposito che si può acquistare o costruire (alcune aziende municipalizzate lo forniscono gratuitamente), in cui mescolare materiali ricchi di carbonio, come foglie secche, paglia e carta, con materiali ricchi di azoto, come avanzi di cibo, erba tagliata e fondi di caffè. Bisogna anche mantenere il giusto equilibrio tra umidità e aerazione, e rivoltare periodicamente il materiale per favorire la decomposizione. Il compost è pronto quando ha un aspetto bruno, una consistenza soffice e un odore di terra.

2.5 Esempi di come pianificare gli acquisti

Ecco alcuni esempi:

2.5.1. Fai una lista della spesa basata sui pasti che vuoi preparare per la settimana, tenendo conto delle tue esigenze e preferenze. Cerca di usare gli stessi ingredienti per più ricette, in modo da ottimizzare gli acquisti e ridurre gli sprechi

2.5.2. Scegli prodotti locali e di stagione, che hanno un impatto ambientale inferiore e una maggiore freschezza e sapore. Evita prodotti importati o fuori stagione, che richiedono più trasporto e conservazione.

2.5.3. Evita di sprechi alimentari, acquistando solo le quantità necessarie e consumando gli alimenti in ordine di scadenza.

CAPITOLO 3. RACCOLTA DIFFERENZIATA E RICICLO

◆ ◆ ◆

La raccolta differenziata e il riciclo rappresentano uno dei pilastri fondamentali della logistica inversa domestica. Questo capitolo esplora l'importanza della corretta separazione dei rifiuti all'interno delle abitazioni e le pratiche efficaci per promuovere il riciclo dei materiali.

3.1 Importanza della Raccolta Differenziata

La raccolta differenziata è un processo mediante il quale i rifiuti vengono separati in base al tipo di materiale (come carta, plastica, vetro, metallo, organico) per facilitare il successivo riciclo e il recupero delle risorse. Questo approccio riduce la quantità di rifiuti destinati alla discarica e permette il recupero di materiali preziosi per la produzione di nuovi prodotti.

3.2 Pratiche Efficaci di Raccolta Differenziata

Le pratiche efficaci sono le seguenti e tutte importanti:

- Educazione e Sensibilizzazione: Informare e coinvolgere i membri della famiglia sull'importanza della raccolta differenziata e sui benefici del riciclo.

- Contenitori Differenziati: Utilizzare contenitori appositi per la raccolta dei diversi tipi di rifiuti, posizionati in punti strategici all'interno della casa per facilitare la separazione.

- Etichettatura Chiara: Etichettare chiaramente i contenitori per indicare quale tipo di materiale deve essere inserito al loro interno, rendendo il processo di separazione più semplice e intuitivo.

- Coinvolgimento dei Bambini: Coinvolgere i bambini nelle attività di raccolta differenziata, educandoli fin da piccoli sull'importanza della tutela dell'ambiente e del riciclo.

3.3 Promozione del Riciclo

Una volta che i materiali sono correttamente separati, è importante promuovere il loro riciclo attraverso le seguenti pratiche:

- *Utilizzo dei Servizi di Raccolta*: Utilizzare i servizi di raccolta differenziata offerti dalle autorità locali o dalle aziende di gestione dei rifiuti.

- *Centri di Raccolta*: Portare i materiali riciclabili presso centri di raccolta dedicati, dove vengono processati e inviati alle strutture di riciclo. - *Acquisto di Prodotti Riciclati*: Favorire l'acquisto di prodotti realizzati con materiali riciclati, contribuendo a chiudere il cerchio della circular economy.

3.4 Benefici della Raccolta Differenziata e del Riciclo

La corretta raccolta differenziata e il riciclo comportano una serie di benefici, tra cui la riduzione del consumo di risorse naturali, la diminuzione dell'inquinamento ambientale e il risparmio di energia.

CAPITOLO 4. RIUTILIZZO E RIPARAZIONE

◆ ◆ ◆

Il riutilizzo e la riparazione sono elementi chiave della logistica inversa domestica, consentendo di estendere la vita utile dei prodotti e ridurre la quantità di rifiuti generati. In questo capitolo, esploreremo l'importanza di queste pratiche e forniremo suggerimenti su come implementarle efficacemente nelle abitazioni.

4.1 Benefici del Riutilizzo e della Riparazione

1. *Riduzione dei Rifiuti:* Riutilizzare oggetti anziché gettarli aiuta a ridurre la quantità complessiva di rifiuti prodotti, contribuendo a preservare l'ambiente.
2. *Risparmio di Risorse:* Il riutilizzo e la riparazione consentono di risparmiare risorse preziose, come materiali e energia, che altrimenti sarebbero impiegate per la produzione di nuovi prodotti.
3. *Risparmio Economico:* Riparare o riutilizzare oggetti anziché acquistarne di nuovi può rappresentare un significativo risparmio economico per le famiglie.

Il riutilizzo degli oggetti anziché gettarli contribuisce in modo significativo alla riduzione complessiva dei rifiuti prodotti nelle nostre abitazioni. Ogni volta che riutilizziamo un oggetto, evitiamo che finisca nella discarica, riducendo così l'impatto ambientale negativo associato allo smaltimento dei rifiuti.

Preservare l'ambiente è uno degli obiettivi principali della riduzione dei rifiuti. Quando gli oggetti vengono gettati, occupano spazio nelle discariche e possono causare inquinamento del suolo, dell'aria e delle risorse idriche. Inoltre, molti oggetti, se non smaltiti correttamente, possono impiegare anni o addirittura secoli per degradarsi, contribuendo così alla crisi dei rifiuti a livello globale.

Il riutilizzo offre una soluzione efficace a questo problema, consentendo agli oggetti di mantenere la loro utilità e valore anche dopo essere stati utilizzati. Ad esempio, un vecchio mobile può essere riparato e ridipinto per adattarsi a un nuovo stile di arredamento, anziché essere sostituito con uno nuovo. Questo non solo riduce il flusso di rifiuti, ma permette anche di conservare le risorse utilizzate per la produzione di un nuovo mobile.

Inoltre, il riutilizzo promuove anche un approccio più sostenibile al consumo, incoraggiando le persone a pensare in modo creativo e innovativo su come utilizzare gli oggetti esistenti in modi nuovi e diversi. Questo non solo aiuta a ridurre i rifiuti, ma può anche portare a risparmi economici per le famiglie e a una maggiore soddisfazione nel possedere oggetti unici e personalizzati.

Il riutilizzo e la riparazione rappresentano due strategie fondamentali per il risparmio di risorse preziose. Queste pratiche consentono di estendere la vita utile degli oggetti esistenti, riducendo la necessità di produrre nuovi prodotti e salvaguardando le risorse naturali. Ecco come il riutilizzo e la riparazione favoriscono il risparmio di risorse:

- *Risparmio dell'Utilizzo di Materiali:* Riutilizzare oggetti anziché sostituirli con nuovi riduce la domanda di materiali grezzi necessari per la produzione. Ad esempio, riusare contenitori, mobili o vestiti limita l'estrazione e la lavorazione di risorse come il legno, il metallo o il cotone, contribuendo a preservare le risorse naturali.

- *Risparmio di Energia:* La produzione di nuovi prodotti richiede una considerevole quantità di energia, sia per l'estrazione e la lavorazione dei materiali, sia per il trasporto e la produzione stessa. Il riutilizzo e la riparazione richiedono generalmente meno energia rispetto alla creazione di nuovi oggetti, aiutando a ridurre il consumo energetico complessivo.

- *Minimizzazione degli Sprechi:* Il riutilizzo e la riparazione riducono l'accumulo di rifiuti attraverso l'allungamento del ciclo di vita degli oggetti. Meno oggetti finiscono nei rifiuti, contribuendo a ridurre l'inquinamento ambientale e i costi associati alla gestione dei rifiuti.

- *Promozione dell'Economia Circolare:* Il riutilizzo e la riparazione sono pilastri dell'economia circolare, in cui i materiali e i prodotti sono mantenuti in uso il più a lungo possibile. Questo approccio favorisce la riduzione del consumo eccessivo e lo sfruttamento delle risorse, promuovendo invece il recupero, il riuso e il riciclo.

- *Sostenibilità Ambientale:* Riducendo la domanda di nuovi prodotti e risorse, il riutilizzo e la riparazione contribuiscono alla sostenibilità ambientale a lungo termine. Queste pratiche aiutano a preservare gli ecosistemi, a ridurre l'impatto delle attività umane sull'ambiente e a creare un futuro più equilibrato e resiliente.

Riparare o riutilizzare oggetti anziché acquistarne di nuovi può comportare un notevole risparmio economico per le famiglie. Questa pratica consente di evitare l'acquisto frequente di beni di consumo e di ridurre le spese legate alla sostituzione e all'acquisto di prodotti nuovi. Ecco come il risparmio economico può essere ottenuto attraverso la riparazione e il riutilizzo:

- *Minori Costi di Acquisto:* Acquistare prodotti nuovi spesso comporta un costo più elevato rispetto alla riparazione di oggetti esistenti o al loro riutilizzo. Investire in piccole riparazioni o nel restauro di oggetti può essere molto più conveniente rispetto all'acquisto di un nuovo articolo, specialmente quando si tratta di beni costosi come elettrodomestici, mobili o apparecchiature elettroniche.

- *Risparmio a Lungo Termine:* Anche se inizialmente il costo della riparazione potrebbe sembrare significativo, a lungo termine rappresenta un risparmio economico considerevole. Riparare un oggetto per prolungarne la vita utile può evitare la necessità di sostituirlo frequentemente, risparmiando denaro nel tempo.

- *Riduzione delle Spese Ricorrenti:* Il riutilizzo e la riparazione consentono di ridurre le spese ricorrenti legate all'acquisto di nuovi beni di consumo. Ad esempio, invece di acquistare nuovi vestiti, mobili o apparecchiature elettroniche, le famiglie possono optare per l'utilizzo di oggetti già posseduti o per la riparazione di quelli danneggiati, riducendo così le spese mensili o annuali.

- *Promozione del Budget Familiare:* Il risparmio economico derivante dalla riparazione e dal riutilizzo degli oggetti può contribuire a promuovere un budget familiare più equilibrato. Riducendo le spese superflue e ottimizzando l'uso delle risorse disponibili, le famiglie possono gestire meglio le proprie finanze e allocare le risorse in modo più efficiente.

- *Creazione di Opportunità di Risparmio:* Il risparmio economico ottenuto attraverso la riparazione e il riutilizzo degli oggetti può essere reinvestito in altre aree del bilancio familiare, come risparmi, investimenti o attività ricreative. Questo crea opportunità per migliorare la stabilità finanziaria e perseguire obiettivi a lungo termine, contribuendo al benessere finanziario complessivo della famiglia.

4.2 Strategie per il riutilizzo e la riparazione

La regola principe della pratica del riutilizzo e della riparazione è la valutazione da fare prima di comprare qualcosa di nuovo, valutare se ci sono oggetti già presenti in casa che potrebbero essere riutilizzati per soddisfare la stessa esigenza. Dopodichè la pratiche sono le seguenti:

1. *Riparazione Fai-da-te:* Imparare a riparare piccoli guasti o danni agli oggetti può prolungarne la vita utile e ridurre la necessità di sostituirli.

2. *Centri di Riparazione:* Rivolgersi a centri di riparazione specializzati per oggetti più complessi o che richiedono competenze specifiche.

3. *Mercati del Riutilizzo:* Partecipare a mercatini dell'usato o a piattaforme online di scambio e vendita di oggetti usati per dare una seconda vita agli oggetti non più desiderati.

4. *Donazioni:* Donare oggetti ancora utilizzabili a organizzazioni benefiche o a persone in difficoltà anziché gettarli via.

La pratica del fai-da-te nella riparazione degli oggetti rappresenta un modo efficace per prolungarne la vita utile e ridurre la dipendenza da sostituzioni costose. Imparare a risolvere piccoli guasti o danni agli oggetti può essere gratificante e contribuire significativamente al risparmio economico e al mantenimento di uno stile di vita sostenibile. Ecco alcuni vantaggi della riparazione fai-da-te:

- *Educazione Pratica:* Affrontare la riparazione fai-da-te offre un'opportunità preziosa di apprendimento pratico. Attraverso l'esperienza diretta, è possibile acquisire competenze pratiche e conoscenze tecniche che possono essere utili in molteplici contesti, non solo nella riparazione degli oggetti, ma anche nella risoluzione di problemi quotidiani.

- *Risparmio Economico:* Una delle principali ragioni per abbracciare la riparazione fai-da-te è il risparmio economico. Riparare gli oggetti danneggiati anziché sostituirli con nuovi può essere molto più conveniente in termini di costo. Investire in strumenti e materiali per la riparazione può risultare più vantaggioso a lungo termine rispetto all'acquisto ripetuto di prodotti nuovi.

- *Prolungamento della Vita Utile degli Oggetti:* Riparare gli oggetti danneggiati consente di prolungarne la vita utile, evitando così lo spreco e contribuendo alla riduzione dei rifiuti. Ciò è particolarmente importante per gli oggetti di valore sentimentale o per quelli difficili da sostituire, come mobili antichi o oggetti ereditati.

- *Autosufficienza e Indipendenza:* La capacità di riparare gli oggetti autonomamente promuove un senso di autosufficienza e indipendenza. Essere in grado di affrontare piccoli guasti o problemi tecnici senza dover ricorrere a professionisti può aumentare la fiducia nelle proprie capacità e ridurre la dipendenza da servizi esterni.

- *Creatività e Innovazione:* La riparazione fai-da-te offre l'opportunità di esplorare soluzioni creative e innovative per risolvere i problemi. Sperimentare con diverse tecniche e approcci può portare a soluzioni originali e personalizzate, contribuendo alla crescita personale e alla stimolazione intellettuale.

Rivolgersi a centri di riparazione specializzati rappresenta un'opzione preziosa per affrontare la manutenzione e la riparazione di oggetti più complessi o che richiedono competenze specifiche. Questi centri offrono servizi professionali e esperti che possono garantire un lavoro di alta qualità e il ripristino ottimale delle funzionalità degli oggetti danneggiati. Ecco perché ricorrere a centri di riparazione specializzati può essere vantaggioso:

- *Esperti Qualificati:* I centri di riparazione specializzati impiegano personale altamente qualificato ed esperto nel settore specifico di competenza. Questi professionisti hanno familiarità con le tecnologie, gli strumenti e le tecniche necessarie per affrontare riparazioni complesse e garantire risultati soddisfacenti.

- *Strumentazione Adeguata:* I centri di riparazione specializzati sono dotati di attrezzature specializzate e avanzate per affrontare una vasta gamma di riparazioni. Questi strumenti specializzati consentono di eseguire interventi precisi e accurati, riducendo il rischio di danneggiare ulteriormente gli oggetti durante il processo di riparazione.
- *Risorse e Materiali di Qualità:* I centri di riparazione specializzati hanno accesso a risorse e materiali di alta qualità per eseguire le riparazioni in modo efficace e duraturo. Questi materiali sono progettati per garantire la massima durata e affidabilità degli oggetti riparati, assicurando una maggiore soddisfazione del cliente e una maggiore durata nel tempo.
- *Garanzia di Lavoro:* Molti centri di riparazione specializzati offrono una garanzia sul lavoro svolto, che fornisce al cliente la tranquillità che gli eventuali problemi saranno corretti senza costi aggiuntivi. Questa garanzia è un segno di fiducia nella qualità del lavoro e nell'affidabilità del servizio offerto dal centro di riparazione.
- *Soluzioni Su Misura:* I centri di riparazione specializzati possono fornire soluzioni su misura per le esigenze specifiche degli oggetti danneggiati. Questi professionisti sono in grado di valutare attentamente la natura del problema e di proporre soluzioni personalizzate che rispondono alle esigenze e alle aspettative del cliente.

Partecipare a mercatini dell'usato o utilizzare piattaforme online di scambio e vendita di oggetti usati rappresenta un'ottima opportunità per dare una seconda vita agli oggetti non più desiderati. Questa pratica non solo favorisce il riutilizzo e la riduzione dei rifiuti, ma offre anche numerosi vantaggi economici e ambientali. Ecco perché partecipare ai mercati del riutilizzo è una scelta intelligente:

- *Riduzione dei Rifiuti:* Partecipare ai mercati del riutilizzo consente di ridurre la quantità complessiva di rifiuti prodotti, contribuendo a preservare l'ambiente e a limitare l'impatto negativo sull'ecosistema. Riutilizzare gli oggetti anziché gettarli significa estendere la loro vita utile e evitare che finiscano in discarica.

- *Economia Circolare:* I mercati del riutilizzo favoriscono l'adozione di un modello di economia circolare, in cui i prodotti e i materiali vengono mantenuti in circolazione il più a lungo possibile. Questo approccio promuove il recupero, il riuso e il riciclo degli oggetti, contribuendo a ridurre la dipendenza dalle risorse naturali e a mitigare l'impatto ambientale delle attività umane.

- *Risparmio Economico:* Acquistare oggetti usati a prezzi ridotti sui mercati del riutilizzo consente di risparmiare denaro rispetto all'acquisto di prodotti nuovi. Questa pratica offre un'opportunità per ottenere articoli di buona qualità a costi accessibili, consentendo di soddisfare le proprie esigenze senza dover spendere cifre eccessive.

- *Varietà e Originalità:* I mercati del riutilizzo offrono una vasta gamma di prodotti di seconda mano, che spaziano dai mobili agli elettrodomestici, dall'abbigliamento agli accessori, dalla tecnologia ai giocattoli e molto altro ancora. Questa varietà consente di trovare articoli unici e originali che possono aggiungere personalità e stile agli ambienti domestici.

- *Sostenibilità Ambientale:* L'utilizzo di oggetti usati anziché acquistarne di nuovi contribuisce a ridurre l'impatto ambientale associato alla produzione e al trasporto di nuovi prodotti. Questa pratica aiuta a conservare le risorse naturali, a ridurre le emissioni di gas serra e a proteggere l'ambiente per le generazioni future.

Donare oggetti ancora utilizzabili a organizzazioni

benefiche o a persone in difficoltà anziché gettarli via è un gesto di generosità e solidarietà che porta benefici sia alla comunità che all'ambiente. Questa pratica permette di estendere la vita utile degli oggetti e di fornire supporto a coloro che ne hanno bisogno, contribuendo contemporaneamente alla riduzione dei rifiuti e al recupero delle risorse. Ecco perché le donazioni sono un'importante forma di riutilizzo:

- *Aiuto alle Persone in Difficoltà:* Donare oggetti utilizzabili a organizzazioni benefiche o a persone in difficoltà fornisce un aiuto concreto a coloro che si trovano in situazioni di bisogno. Questi oggetti possono soddisfare bisogni di base come il vestiario, gli arredi domestici, gli elettrodomestici e altri beni essenziali, migliorando la qualità della vita delle persone e delle famiglie colpite da disagio economico o sociale.

- *Promozione della Solidarietà:* Le donazioni favoriscono la promozione della solidarietà e dell'empatia all'interno della comunità. Donare oggetti in buone condizioni a chi ne ha bisogno dimostra un impegno verso il bene comune e incoraggia altri a fare lo stesso, creando un senso di condivisione e collaborazione che rafforza il tessuto sociale.

- *Riduzione dei Rifiuti:* Donare oggetti anziché gettarli via contribuisce alla riduzione dei rifiuti e alla conservazione delle risorse. Gli oggetti donati possono essere riutilizzati da altre persone o riciclati per scopi benefici, evitando così che finiscano in discarica e riducendo l'impatto ambientale associato alla loro produzione e smaltimento.

- *Supporto alle Organizzazioni Benefiche:* Le donazioni forniscono un importante sostegno alle organizzazioni benefiche e alle associazioni di volontariato che operano per il bene della comunità. Queste organizzazioni dipendono dalle donazioni per svolgere il proprio lavoro e fornire assistenza a coloro che ne hanno bisogno, quindi ogni contributo è prezioso e apprezzato.

- Benefici Fiscali: In molti paesi, le donazioni possono essere detratte dalle tasse come deduzione fiscale, offrendo un incentivo aggiuntivo per donare oggetti e sostenere le cause benefiche. Questo incentivo fiscale può incentivare ulteriormente le persone a donare e aumentare il sostegno alle organizzazioni benefiche.

4.3 Promozione del Riutilizzo e della Riparazione

1. Sensibilizzare famiglie e comunità sull'importanza del riutilizzo e della riparazione attraverso campagne di informazione e eventi educativi.
2. Sostenere l'apertura di spazi comunitari dedicati al riutilizzo e alla riparazione, dove le persone possono imparare a riparare oggetti e condividere le proprie competenze.

La sensibilizzazione delle famiglie e delle comunità sull'importanza del riutilizzo e della riparazione è fondamentale per promuovere uno stile di vita più sostenibile e consapevole. Attraverso campagne di informazione e eventi educativi, è possibile aumentare la consapevolezza sulle implicazioni positive di queste pratiche e incoraggiare un cambiamento comportamentale verso abitudini più responsabili. Ecco alcuni modi per sensibilizzare sul riutilizzo e sulla riparazione:

- *Campagne di Informazione:* Organizzare campagne di informazione tramite volantini, manifesti, annunci sui social media e altri mezzi di comunicazione per educare le famiglie e le comunità sull'importanza del riutilizzo e della riparazione. Queste campagne dovrebbero mettere in evidenza i benefici ambientali, economici e sociali di queste pratiche, fornendo informazioni chiare e accessibili.
- *Eventi Educativi:* Organizzare eventi educativi come workshop, seminari e conferenze per approfondire

argomenti legati al riutilizzo e alla riparazione. Questi eventi possono coinvolgere esperti del settore, artigiani locali, organizzazioni ambientaliste e altre figure rilevanti per condividere conoscenze, esperienze e pratiche migliori.

- *Dimostrazioni Pratiche:* Condurre dimostrazioni pratiche su come riparare oggetti danneggiati o riutilizzare materiali in modo creativo. Queste dimostrazioni possono essere organizzate in collaborazione con artigiani locali, fab lab o centri di riciclo, offrendo agli partecipanti l'opportunità di imparare nuove abilità e tecniche di riparazione e riutilizzo.

- *Coinvolgimento delle Scuole:* Coinvolgere le scuole e le istituzioni educative nell'insegnamento dei principi del riutilizzo e della riparazione. Questo può essere fatto attraverso lezioni in classe, progetti pratici o programmi extracurriculari che incoraggiano gli studenti a essere creativi nel riutilizzare materiali e a imparare a riparare oggetti.

- *Collaborazioni Comunitarie:* Collaborare con altre organizzazioni, aziende locali e autorità pubbliche per promuovere iniziative di riutilizzo e riparazione a livello comunitario. Queste collaborazioni possono portare alla creazione di spazi di scambio, centri di riparazione condivisa o programmi di sostegno per famiglie a basso reddito.

- *Incentivi e Premi:* Offrire incentivi e premi per incoraggiare la partecipazione attiva alle attività di riutilizzo e riparazione. Ad esempio, si potrebbero organizzare concorsi per il miglior progetto di riutilizzo creativo o per la riparazione più innovativa, premiando i partecipanti con riconoscimenti e incentivi.

Sostenere l'apertura di spazi comunitari dedicati al riutilizzo e alla riparazione è un'importante iniziativa per promuovere pratiche sostenibili e favorire lo scambio di conoscenze e competenze all'interno della comunità. Questi spazi forniscono un ambiente inclusivo e accessibile dove le persone possono imparare a riparare oggetti, condividere le proprie abilità e contribuire alla riduzione dei rifiuti. Ecco come sostenere l'apertura di tali spazi:

- *Identificare le Necessità della Comunità:* Condurre indagini e ricerche per identificare le necessità specifiche della comunità in termini di spazi per il riutilizzo e la riparazione. Questo può includere la valutazione della disponibilità di servizi esistenti, i bisogni delle persone locali e le opportunità per l'apertura di nuovi spazi.

- *Collaborare con le Autorità Locali:* Collaborare con le autorità locali e gli enti governativi per ottenere sostegno e risorse per l'apertura di spazi comunitari. Questo può includere la ricerca di finanziamenti, la concessione di spazi fisici o il supporto logistico per la gestione dei progetti.

- *Coinvolgere le Organizzazioni Non Profit:* Coinvolgere organizzazioni non profit e associazioni locali che hanno esperienza nel settore del riutilizzo e della riparazione. Queste organizzazioni possono fornire consulenza, supporto tecnico e risorse umane per avviare e gestire i nuovi spazi comunitari.

- *Creare Partnerships con Aziende e Imprese Locali:* Creare partnerships con aziende e imprese locali interessate alla promozione della sostenibilità e alla responsabilità sociale. Queste partnership possono portare a donazioni di materiali, strumenti e attrezzature per l'arredamento dei nuovi spazi e alla promozione congiunta delle iniziative.

- *Organizzare Eventi e Workshop:* Organizzare eventi, workshop e corsi di formazione per coinvolgere la comunità e promuovere l'utilizzo dei nuovi spazi. Queste attività possono includere lezioni pratiche su riparazione di oggetti, laboratori di riciclo creativo, sessioni di scambio e riparazione di abiti e molto altro ancora.

- *Promuovere la Partecipazione Attiva:* Promuovere la partecipazione attiva delle persone locali nell'utilizzo dei nuovi spazi e nell'insegnamento delle proprie competenze agli altri membri della comunità. Questo può aiutare a creare un senso di appartenenza e di responsabilità condivisa verso il mantenimento e lo sviluppo dei spazi comunitari.

4.4 Benefici a Lungo Termine

Investire nel riutilizzo e nella riparazione non solo porta benefici immediati, ma offre anche vantaggi significativi a lungo termine che influenzano positivamente la sostenibilità ambientale, economica e sociale. Ecco alcuni dei principali benefici a lungo termine:

- *Sostenibilità Ambientale:* Promuovere il riutilizzo e la riparazione aiuta a ridurre la quantità complessiva di rifiuti prodotti, riducendo così la necessità di sfruttare ulteriormente le risorse naturali. Questo ha un impatto positivo sulle risorse idriche, energetiche e biologiche, contribuendo a preservare gli ecosistemi e a ridurre l'impatto ambientale delle attività umane.

- *Crescita Economica Sostenibile:* La promozione del riutilizzo e della riparazione può favorire lo sviluppo di settori economici basati sulla circular economy, dove i materiali e i prodotti vengono mantenuti in circolazione il più a lungo possibile. Questo può generare opportunità di lavoro e innovazione nei settori della rigenerazione, della riparazione, del riciclo e del recupero di risorse, contribuendo a una crescita economica sostenibile e resiliente.

- *Riduzione dell'Impronta Ecologica:* Ridurre la dipendenza dai materiali vergini attraverso il riutilizzo e la riparazione consente di limitare l'estrazione e la lavorazione delle risorse naturali, riducendo così l'impronta ecologica complessiva delle attività umane.

Questo è particolarmente importante in un contesto di cambiamento climatico e degrado ambientale, dove è necessario ridurre l'impatto negativo sull'ambiente.

- *Resilienza del Sistema Economico:* La promozione del riutilizzo e della riparazione può contribuire a rendere l'economia più resiliente alle fluttuazioni del mercato e alle crisi economiche. Investire in pratiche di economia circolare e in modelli di consumo più sostenibili riduce la dipendenza dalle risorse esterne e favorisce l'autosufficienza e la diversificazione economica.

- *Cambiamento Culturale e Sociale:* Promuovere il riutilizzo e la riparazione può portare a un cambiamento culturale e sociale più ampio, incoraggiando una maggiore consapevolezza e responsabilità nei confronti dell'ambiente e delle risorse. Questo può influenzare le norme sociali, le abitudini di consumo e le politiche pubbliche, creando un contesto favorevole alla sostenibilità e al benessere collettivo.

CAPITOLO 5. CASI DI STUDIO DI SUCCESSO

◆ ◆ ◆

Nel seguente capitolo, esploreremo una serie di casi di studio che dimostrano come la logistica inversa domestica abbia portato a risultati positivi sia in termini di sostenibilità ambientale che di sviluppo economico locale. Questi esempi pratici illustrano come comunità e individui abbiano adottato con successo pratiche di logistica inversa, fungendo da fonte di ispirazione per altri.

Caso di Studio 1: La Comunità Verde di Quartiere

Le Comunità Verdi di Quartiere, possono dimostrare come l'implementazione della logistica inversa possa portare a significativi benefici ambientali e sociali. Attraverso un sistema innovativo e proattivo, la comunità ha trasformato radicalmente il modo in cui i residenti gestiscono i loro rifiuti, promuovendo pratiche sostenibili di raccolta differenziata, riutilizzo e riciclo.

Uno degli elementi chiave di questa trasformazione è stata l'installazione di punti di raccolta differenziata strategici all'interno del quartiere. Questi punti di raccolta consentono ai residenti di smaltire correttamente i diversi tipi di rifiuti, separando plastica, vetro, carta, organico e altro ancora. Grazie a questa iniziativa, la quantità di rifiuti destinati alla discarica è stata drasticamente ridotta, contribuendo a preservare l'ambiente e a ridurre l'impatto negativo sulla salute pubblica.

In aggiunta alla raccolta differenziata, le comunità hanno promosso attivamente iniziative di riutilizzo e riciclo. Attraverso eventi di sensibilizzazione e campagne educative, i residenti sono stati incoraggiati a riparare e riutilizzare gli oggetti anziché gettarli via. Questo approccio ha contribuito a ridurre lo spreco di risorse e a promuovere una cultura del consumo consapevole all'interno del quartiere.

Un'altra importante iniziativa delle Comunità Verdi di Quartiere Verde è stata la creazione di un centro di riparazione e rigenerazione. Questo centro offre agli abitanti del quartiere la possibilità di imparare a riparare e riutilizzare gli oggetti, riducendo così la dipendenza dalla sostituzione e l'accumulo di rifiuti. Inoltre, i centri hanno creato opportunità di occupazione locale, fornendo formazione e lavoro a coloro che desiderano acquisire competenze nel settore della riparazione e rigenerazione.

Complessivamente, le Comunità Verdi di Quartiere hanno dimostrato che la logistica inversa può essere efficacemente implementata a livello locale, portando a una riduzione significativa dei rifiuti e a benefici tangibili per l'ambiente e la comunità. Questo esempio di successo rappresenta un modello da seguire per altre comunità interessate a promuovere pratiche sostenibili di gestione dei rifiuti e a creare un futuro più verde e resiliente per tutti.

Caso di Studio 2: Il Progetto "Riutilizziamo Insieme"

Il Progetto "Riutilizziamo Insieme" rappresenta un esempio eccellente di come un gruppo di cittadini attivi possa promuovere pratiche di riutilizzo e condivisione all'interno della comunità, contribuendo così a ridurre la produzione di rifiuti e l'uso eccessivo di risorse.

Questo progetto si basa sull'organizzazione regolare di eventi di scambio e baratto, durante i quali i residenti possono portare gli oggetti che non usano più e scambiarli con altri che sono di loro interesse. Questi eventi non solo forniscono un'opportunità per dare nuova vita agli oggetti che altrimenti sarebbero stati gettati via, ma anche per promuovere un senso di solidarietà e condivisione all'interno della comunità.

Partecipare a un evento di scambio e baratto non solo consente ai residenti di ottenere nuovi oggetti senza doverli acquistare, ma anche di liberarsi degli oggetti che non utilizzano più in modo responsabile e sostenibile. Questo contribuisce a ridurre la produzione di rifiuti e a promuovere una cultura del consumo consapevole, dove gli oggetti vengono visti come risorse da condividere e valorizzare, anziché come semplici beni da consumare e poi scartare.

Inoltre, il Progetto "Riutilizziamo Insieme" ha un impatto positivo sulla coesione sociale e sul senso di appartenenza alla comunità. Organizzando eventi che coinvolgono attivamente i residenti e li incoraggiano a interagire e collaborare tra loro, questo progetto contribuisce a creare legami più stretti all'interno della comunità e a promuovere un clima di solidarietà e reciproco sostegno.

Complessivamente, il Progetto "Riutilizziamo Insieme" rappresenta un esempio concreto di come le iniziative di base promosse da cittadini attivi possano avere un impatto significativo sulla riduzione dei rifiuti, sull'uso responsabile delle risorse e sulla costruzione di comunità più solidali e resilienti. Questo tipo di iniziative dovrebbero essere incoraggiate e supportate, in quanto contribuiscono a creare un futuro più sostenibile e inclusivo per tutti.

Caso di Studio 3: La Famiglia Eco-Sostenibile

La Famiglia Eco-Sostenibile rappresenta un esempio ispiratore di come singoli individui possano avere un impatto significativo sulla riduzione dell'impronta ecologica attraverso pratiche di logistica inversa domestica. Adottando un approccio olistico alla gestione dei rifiuti, questa famiglia ha dimostrato come piccoli cambiamenti nelle abitudini quotidiane possano portare a grandi risultati in termini di sostenibilità ambientale.

Una delle principali pratiche adottate dalla Famiglia Eco-Sostenibile è il compostaggio. Compostando i rifiuti organici, come scarti alimentari e giardino, la famiglia ha ridotto notevolmente la quantità di rifiuti destinati alla discarica, allo stesso tempo fertilizzando il terreno e promuovendo la salute del suolo. Questo approccio ha non solo ridotto l'impronta ecologica della famiglia, ma ha anche contribuito a promuovere la fertilità del terreno e la biodiversità nell'ambiente circostante.

Inoltre, la Famiglia Eco-Sostenibile pratica il riutilizzo creativo degli oggetti. Piuttosto che gettare via gli oggetti non più utilizzati, cercano modi creativi per riutilizzarli o trasformarli in nuovi prodotti. Questo non solo riduce la quantità di rifiuti prodotti, ma promuove anche la creatività e l'innovazione nell'uso delle risorse disponibili.

Un'altra pratica importante adottata dalla Famiglia Eco-Sostenibile è l'acquisto consapevole di beni durevoli e riciclabili. Prima di fare un acquisto, la famiglia valuta attentamente l'impatto ambientale del prodotto e cerca alternative più sostenibili e riciclabili. Questo approccio aiuta a ridurre l'accumulo di rifiuti e promuove una cultura del consumo responsabile all'interno della famiglia.

Grazie a queste pratiche, la Famiglia Eco-Sostenibile è riuscita a ridurre notevolmente la propria impronta ecologica e a diventare un modello di riferimento per gli altri membri della comunità. Le loro azioni dimostrano che anche singoli individui possono fare la differenza nella lotta contro il cambiamento climatico e la crisi ambientale, e che pratiche di logistica inversa domestica possono contribuire in modo significativo a creare un futuro più sostenibile per tutti.

CAPITOLO 6. ESEMPI DI RIPARAZIONE

◆ ◆ ◆

Ho deciso di riparare un aspiratore che ha smesso di funzionare correttamente. Inizialmente, ho considerato l'opzione di acquistare un nuovo aspiratore, ma decido invece di cercare un'alternativa più sostenibile. Cioè ripararlo. Vediamo insieme quali sono i passaggi della riparazione:

1. *Diagnosi del problema:* si esamina l'aspiratore per individuare il problema. Si scopre che l'aspiratore è sporco e che i cuscinetti del motore non sono bene allineato.

2. *Ricerca delle parti di ricambio:* Dopo aver identificato il problema, cerco in casa gli strumenti e I prodotti necessari per la pulizia e la riparazione. La prima domanda è se li ho oppure li devo acquistare. Nel mio caso avevo bisogno fi un prodotto detergente e allo stesso stesso riattivante per poter pulire il motore elettrico dell'aspiratore e che non faccia "ponte" ovvero che non vada in corto cirtuito l'impianto elettico. Lo compro per pochi euro, per il resto ho bisogno di un cacciavite e di una pinza che ho in casa.

3. *Riparazione fai-da-te:* Con l'aiuto di tutorial online o manuali di riparazione, uno dei membri della famiglia sostituisce il cavo di alimentazione danneggiato con il nuovo pezzo acquistato.

4. *Test e verifica:* Dopo aver completato la riparazione, testano l'aspiratore per assicurarsi che funzioni correttamente.

Benefici della riparazione:

- *Risparmio economico:* La riparazione dell'aspiratore è risultata molto più economica rispetto all'acquisto di un nuovo dispositivo. Il costo delle parti di ricambio è stato inferiore rispetto al prezzo di un nuovo aspiratore, permettendo alla famiglia di risparmiare una somma considerevole.

- *Prolungamento della vita utile:* Riparando l'aspiratore anziché sostituirlo, la famiglia ha prolungato la vita utile del dispositivo, evitando che finisca in discarica prematuramente. Questo contribuisce a ridurre l'impatto ambientale associato alla produzione e allo smaltimento di elettrodomestici.

- *Promozione della logistica inversa:* La famiglia ha dimostrato che la riparazione degli oggetti è un'alternativa valida all'acquisto di nuovi prodotti, promuovendo così la logistica inversa domestica e una cultura del riutilizzo e della riparazione.

In conclusione, attraverso la decisione di riparare l'aspiratore anziché sostituirlo, la Famiglia Eco-Sostenibile ha non solo risparmiato denaro, ma ha anche contribuito a ridurre l'impatto ambientale e promosso pratiche sostenibili di gestione dei rifiuti all'interno della propria comunità.

CAPITOLO 7. ESEMPIO DI RISPARMIO SOSTITUENDO UN VECCHIO ELETTRODOMESTICO CON UNO NUOVO

◆ ◆ ◆

Il nostro esempio riguarderò la sostituzione di una macchina espresso da caffè nelle nostre case. Abbiamo una vecchia macchina che consuma 1300 W e dobbiamo sostituire un pezzo che costa 80 € in preventivo, ma abbiamo trovato una offerta di una nuova macchina da caffè che consuma 850 W al prezzo di 79,90 €. A occhio visto la parità di prezzo ci conviene comprare la macchina nuova, ma esiste una ulteriore ragione per cui è meglio sostituire la vecchia macchina: il risparmio energetico e di conseguenza il risparmio economico.

Per calcolare il risparmio mensile derivante dalla sostituzione di una macchina da caffè vecchia con una nuova, è necessario considerare la differenza di consumo di energia tra le due macchine e moltiplicarla per il costo dell'elettricità.

Supponiamo che si utilizzi la macchina da caffè per un'ora al giorno, ogni giorno del mese.

La differenza di consumo di energia tra le due macchine è di 1300 W - 850 W = 450 W.

Quindi, il risparmio giornaliero di energia sarà di 450 W * 1 ora = 450 Wh.

Per convertire questa quantità in kWh (kilowattora), che è l'unità di misura comunemente usata per la fatturazione dell'elettricità, dobbiamo dividere per 1000:

450 Wh / 1000 = 0,45 kWh al giorno.

Ora, per calcolare il risparmio mensile in kWh, moltiplichiamo questo valore per il numero di giorni nel mese. Supponiamo un mese con 30 giorni:

0,45 kWh/giorno * 30 giorni = 13,5 kWh al mese.

Ora, per calcolare il risparmio monetario, dovremmo moltiplicare il risparmio di energia mensile (13,5 kWh) per il costo per kWh di elettricità. Supponiamo che il costo dell'elettricità sia di 0,20 euro per kWh:

Risparmio mensile = 13,5 kWh/mese * 0,20 euro/kWh = 2,70 euro al mese.

Quindi, sostituendo la vecchia macchina da caffè con una nuova che consuma meno energia, si risparmieranno circa 2,70 euro al mese in termini di costo energetico.

Il risparmio in un anno è di

2,70 * 12 = 32,4 €

Recupererò il costo della nuova macchina in termini di risparmio monetario in

79,90 / 2,70 = 29,6 mesi

ovvero in poco più di due anni grazie al risparmio energetico ammortizzo il costo della nuova macchina.

CAPITOLO 8. COSA HA FATTO L'UNIONE EUROPEA PER FAVORIRE LA CULTURA DEL RECUPERO

◆ ◆ ◆

L'Unione Europea ha adottato diverse misure e iniziative per favorire il recupero e la riparazione dei materiali, promuovendo così la circular economy e la sostenibilità ambientale. Alcuni dei principali provvedimenti includono:

1. *Direttiva sull'Economia Circolare:* Nel 2018, l'Unione Europea ha adottato la Direttiva sull'Economia Circolare, che stabilisce obiettivi ambiziosi per la riduzione dei rifiuti e la promozione del riciclo. La direttiva mira a incrementare il riciclo dei rifiuti urbani al 65% entro il 2030 e a ridurre al minimo lo smaltimento in discarica. Ciò significa che entro quella data, almeno il 65% dei rifiuti urbani generati nell'Unione Europea dovranno essere riciclati anziché essere smaltiti in discarica o inceneriti. Questo obiettivo ambizioso richiede un impegno significativo da parte degli Stati membri nell'implementare politiche e infrastrutture per migliorare la raccolta differenziata e il riciclo dei rifiuti. Inoltre, la direttiva mira anche a ridurre al minimo lo smaltimento in discarica, promuovendo alternative più sostenibili come il riciclo, il riutilizzo e il recupero energetico. Questo aspetto è particolarmente importante per ridurre l'impatto ambientale negativo delle discariche, tra cui l'inquinamento del suolo e delle acque sotterranee, nonché le emissioni di gas serra derivanti dalla decomposizione dei rifiuti

organici.

2. *Strategia per la Plastica nell'Economia Circolare:* L'UE ha introdotto una strategia volta a migliorare la gestione dei rifiuti di plastica, promuovendo il riciclo e l'utilizzo di materiali plastici riciclati. Questa strategia mira anche a ridurre l'uso di plastica monouso e ad aumentare la riparazione e il riutilizzo dei prodotti in plastica. Questa strategia si concentra su diversi obiettivi fondamentali. Uno di questi obiettivi è *migliorare la gestione dei rifiuti di plastica*. La strategia prevede misure per migliorare la raccolta, il riciclo e il recupero dei rifiuti di plastica. Ciò include l'implementazione di sistemi di raccolta differenziata più efficienti, l'investimento in infrastrutture per il riciclo della plastica e l'incoraggiamento delle pratiche di riciclo a livello industriale. Promuovere il riciclo e l'utilizzo di plastica riciclata: L'UE mira a promuovere l'utilizzo di materiali plastici riciclati attraverso incentivi e regolamentazioni. Questo include l'introduzione di normative che richiedono una percentuale minima di plastica riciclata nei prodotti, nonché incentivi finanziari per le imprese che utilizzano materiali riciclati. Un altro obiettivo è Ridurre l'uso di plastica monouso: La strategia mira a ridurre l'uso di plastica monouso attraverso divieti, tasse o altre misure legislative. Ciò include il divieto di determinati prodotti in plastica monouso come cannucce, posate e piatti, nonché l'introduzione di alternative più sostenibili e riutilizzabili. Questa strategia si basa su varie misure legislative e regolamentari volte a ridurre l'impatto ambientale derivante dall'uso e dallo smaltimento di prodotti in plastica monouso. Alcuni degli approcci adottati includono: divieti sui prodotti in plastica monouso come cannucce, posate, piatti, cotton fioc e bastoncini per mescolare. Questi divieti hanno l'obiettivo di ridurre la produzione e l'uso di questi articoli non riciclabili, incoraggiando l'adozione di alternative più sostenibili. Sono state applicate tasse sulla plastica monouso: alcuni paesi dell'UE hanno introdotto tasse o imposte specifiche sulla plastica monouso al fine di disincentivare il suo utilizzo e promuovere alternative più

ecologiche. Queste tasse possono essere applicate direttamente ai produttori o ai consumatori, rendendo la plastica monouso meno competitiva rispetto a soluzioni riutilizzabili. Sono inoltre stati introdotti incentivi per alternative sostenibili: L'UE incoraggia l'adozione di alternative più sostenibili alla plastica monouso attraverso incentivi finanziari e sostegno alle imprese che producono e utilizzano materiali biodegradabili, compostabili e riutilizzabili. Questi incentivi possono includere agevolazioni fiscali, finanziamenti per la ricerca e lo sviluppo e sostegno alle iniziative di sensibilizzazione. Oltre ai divieti e alle tasse, l'UE promuove attivamente la riutilizzazione dei prodotti al fine di ridurre la domanda di plastica monouso. Ciò include la promozione di sistemi di deposito e ritiro per bottiglie e contenitori riutilizzabili, nonché l'incoraggiamento delle pratiche di refill per prodotti come detergenti, cosmetici e prodotti per la cura personale. L'UE promuove pratiche di riparazione e riutilizzo dei prodotti in plastica per prolungarne il ciclo di vita e ridurre la necessità di produzione di nuovi materiali. Ciò include l'adozione di politiche che favoriscono la progettazione di prodotti durevoli e riparabili, nonché l'istituzione di servizi di riparazione accessibili e convenienti.

3. *Incentivi fiscali e finanziari:* L'UE ha introdotto incentivi fiscali e finanziari per promuovere l'adozione di pratiche di economia circolare e di recupero dei materiali. Ciò include agevolazioni fiscali per le imprese che investono in tecnologie e processi sostenibili, nonché finanziamenti per progetti di ricerca e innovazione nel settore della circular economy.

4. *Normative sull'Etichettatura dell'Efficienza Energetica:* L'Unione Europea ha introdotto normative sull'etichettatura dell'efficienza energetica per promuovere l'acquisto di prodotti che consumano meno energia e durano più a lungo. Questo incoraggia i consumatori a scegliere prodotti più durevoli e riparabili, contribuendo così alla riduzione dei rifiuti e al miglioramento della gestione dei materiali.

5. Iniziative per la Promozione della Riparazione: L'UE ha avviato iniziative per promuovere la cultura della riparazione e del riutilizzo, incentivando i cittadini a riparare e mantenere in funzione i propri prodotti anziché sostituirli. Ciò include programmi di sensibilizzazione, sostegno finanziario per i centri di riparazione e la promozione di servizi di riparazione accessibili e convenienti.

Quello che potrebbe diventare una direttiva UE, solamente approvato in Commissione ENVI, è il "Nuovo Piano azione per l'Economia circolare" testo depositato e presentato in Plenaria nel 2021, che ha ambizioni ancora più grandi rispetto alla direttiva del 2018. L'obiettivo principale di questo piano è quello di rendere l'economia europea completamente circolare entro il 2050. Si introduce il concetto di AI (intelligenzea artificiale) come ottimizzatore della raccolta, il riciclaggio e il riutilizzo dei materiali. Punta maggiormente sulla riparazione, creando posti nuovi posti lavoro con un aumento dello 0,7% dell'occupazione entro il 2030, ovvero 1,8 milioni di nuovi posti di lavoro, una riduzione delle emissioni di gas serra dal 16% entro il 2030 e del 28% entro il 2050, un aumento del 0,5% del PIL, e un risparmio di 600 miliardi di euro all'anno per le imprese, le amministrazioni pubbliche e i consumatori, grazie a una maggiore efficienza delle risorse.

CAPITOLO 9. APPLICARE LA LOGISTICA INVERSA DOMESTICA PUÒ FAR RISPARMIARE FINO AL 15 %

◆ ◆ ◆

Sebbene determinare un risparmio economico mensile preciso per una famiglia con uno stipendio medio e un consumo medio di elettricità e gas applicando ottime strategie di Logistica Inversa Domestica è complesso e dipende da vari fattori, tra cui la dimensione della famiglia, le pratiche di consumo attuali, le tariffe energetiche locali e le abitudini di gestione dei rifiuti. Tuttavia, possiamo fare una stima approssimativa basata su alcuni risparmi tipici associati a pratiche di Logistica Inversa Domestica, si può affermare che secondo gli studi di settore la riduzione dei costi energetici come spegnere le luci quando non servono, utilizzare elettrodomestici efficienti dal punto di vista energetico e migliorare l'isolamento termico dell'abitazione, una famiglia potrebbe risparmiare in media tra il 10% e il 20% sulle bollette energetiche, che includono elettricità e gas.

Esempio: una famiglia spende 70 € mensili di elettricità. Applicando buone pratiche di di risparmio energetico si può risparmiare fino a 14 € mensili, 168 € annuali e 840 € in 5 anni. In pratica in 10 anni una famiglia può risparmiare il costo di una rata annuale universitaria per il proprio figlio/a.

Considerando queste stime approssimative e assumendo che una famiglia con uno stipendio medio potrebbe risparmiare in media tra il 5% e il 15% delle sue spese mensili totali attraverso l'applicazione di ottime strategie di Logistica Inversa Domestica, si potrebbe stimare un risparmio mensile complessivo di qualche decina di euro fino a qualche centinaio di euro, a seconda delle circostanze specifiche della famiglia e del contesto locale.

Esempio: una famiglia con un reddito mensile complessivo di 2400 € (una famiglia della classe media) tra risparmi in consumi di carburante (che si possono risparmiare con la riparazione), risparmi di elettricità e gas, applicando il minimalismo e il downsizing (minimizzare gli acquisti al solo essenziale e quando conviene rispetto alla riparazione) può arrivare a risparmiare fino a 360 € mensili , 4320 € annuali permettendo ai componenti della famiglia una stabilità economica migliore.

Tuttavia, è importante notare che queste stime sono indicative e che il risparmio effettivo può variare considerevolmente in base alle situazioni individuali e alle condizioni locali. Inoltre, i benefici a lungo termine della Logistica Inversa Domestica possono includere anche una migliore qualità della vita, una maggiore durata degli oggetti e una riduzione dell'impatto ambientale complessivo.

Possiamo dare un ulteriore consiglio di risparmio economico basato sullo stipulare un ottimo contratto di fornitura elettrica: il risparmio medio ottenibile stipulando un ottimo contratto di fornitura di corrente elettrica in Italia dipende da diversi fattori, tra cui il consumo energetico della famiglia, le tariffe offerte dai diversi fornitori e le condizioni contrattuali specifiche. Tuttavia, è possibile fornire una stima approssimativa basata su alcune considerazioni generali. In media, i risparmi ottenibili con un buon contratto di fornitura di corrente elettrica possono variare dal 10% al 30% rispetto alle tariffe standard offerte dai fornitori di energia. Questo significa che una famiglia con consumi energetici medi potrebbe risparmiare qualche decina di euro fino a qualche centinaio di euro all'anno, a seconda del contratto e delle condizioni specifiche. Per ottenere il massimo risparmio possibile sulla bolletta elettrica, è consigliabile confrontare le offerte dei diversi fornitori sul mercato nel portale web di ARERA e valutare attentamente le tariffe, le condizioni contrattuali e gli eventuali benefici aggiuntivi offerti, come sconti per il pagamento online o promozioni speciali.

Inoltre, è importante considerare anche altri fattori oltre al costo, come la qualità del servizio offerto, la reputazione del fornitore e la disponibilità di opzioni di energia verde o rinnovabille. In linea generale prendere come fornitore una azienda che garantisce energia 100% proveniente da fonti rinnovabili permette maggiori risparmi in quanto queste aziende comprano energia a basso costo e possono permettersi di essere molto più competitive sul mercato offrendo energia a prezzi più vantaggiosi rispetto ad altri competitors.

CAPITOLO 10.
ACQUISTARE ENERGIA 100% PROVENIENTE DA FONTI RINNOVABILI È VANTAGGIOSO

◆ ◆ ◆

Acquistare energia elettrica da un fornitore che fornisce energia 100% proveniente da fonti energetiche rinnovabili offre diversi vantaggi:

- *Riduzione dell'impatto ambientale*: Le fonti energetiche rinnovabili, come il sole, il vento, l'acqua e la biomassa, producono energia senza emettere gas serra o altri inquinanti nocivi per l'ambiente. Utilizzare energia rinnovabile contribuisce quindi a ridurre l'impatto ambientale e le emissioni di carbonio associate alla produzione di energia.
- *Promozione della sostenibilità:* L'uso di energia rinnovabile sostiene lo sviluppo sostenibile e la transizione verso un'economia a basse emissioni di carbonio. Sostenendo i fornitori che offrono energia rinnovabile, si contribuisce a promuovere la crescita delle energie pulite e a incentivare gli investimenti nelle infrastrutture energetiche sostenibili.
- *Diversificazione delle fonti energetiche:* Dipendere da fonti energetiche diverse e rinnovabili riduce la dipendenza

da combustibili fossili e da altre fonti non rinnovabili, contribuendo a garantire la sicurezza energetica e a mitigare i rischi legati alla volatilità dei prezzi e alla disponibilità delle risorse.

- *Innovazione e creazione di posti di lavoro:* Il settore delle energie rinnovabili è in costante crescita e offre opportunità di lavoro e di innovazione in settori come l'energia solare, eolica, idroelettrica e biomassa. Sostenendo i fornitori di energia rinnovabile, si contribuisce a favorire la creazione di posti di lavoro e lo sviluppo tecnologico nel settore delle energie pulite.

- *Benefici economici a lungo termine:* Sebbene i costi iniziali di produzione di energia rinnovabile possano essere più elevati rispetto a quelli delle fonti tradizionali, nel lungo termine l'energia rinnovabile può risultare più economica e stabile, poiché non è soggetta alla volatilità dei prezzi dei combustibili fossili e può essere prodotta localmente, riducendo la dipendenza dalle importazioni di energia.

Esempio: l'autore di questo libro al momento della stesura di questo libro ha stipulato un contratto di fornitua elettrica con una azienda che certifica di vendere energia proveniente al 100% da fonti rinnovabili, il quale ha comprato energia elettrica nel mese di Gennaio al prezzo di 0,09 € al Kwh, un prezzo eccezionalmente buono.

Non entrando nel complesso meccanismo con cui queste aziende acquistano le quote di energia dai produttori veri e propri di energia rinnovabile attraverso gare pubbliche perché non è questa la sede, in maniera spicciola vi dico che queste aziende acquistano in base d'asta quantitati in Mwh prodotti da aziende che producono energia rinnovabile, poi possono rivendere sul mercato un quantitavo pari e non in esubero della stessa quantità di Mwh ai clienti allacciati alla rete elettrica comune. Con questo meccanismo si acuista indirettamente energia rinnovabile e si incentiva un meccanismo virtuoso che porta a salvaguardare l'ambiente e a far scendere il costo dell'energia elettrica sul mercato nazionale.

CAPITOLO 11. LO SPRECO ALIMENTARE E LA LOGISTICA INVERSA DOMESTICA

◆ ◆ ◆

Lo spreco alimentare è una delle principali sfide globali legate alla sostenibilità e alla gestione delle risorse. La logistica inversa domestica può giocare un ruolo significativo nel ridurre lo spreco alimentare e promuovere pratiche più sostenibili nell'ambito della gestione dei prodotti alimentari.

Ecco alcuni modi in cui la logistica inversa domestica può contribuire a ridurre lo spreco alimentare.

- *Organizzazione del frigorigero e della dispensa:* Una corretta organizzazione degli alimenti nel frigorifero e nella dispensa può contibuire a ridurre lo spreco alimentare. Utilizzare scaffali e contenitori per tenere traccia degli alimenti e consumare prima quelli con scadenza più vicina puà aiutare a evitare che gli alimenti vadano persi.

- Utilizzo degli avanzi: Con gli avanzi prepara nuovi pasti invece di buttarli via. Ricette creative che utilizzano gli avanzi possono aiutare a ridurre lo spreco alimentare e risparmiare denaro.

- Compostaggio: Utilizzare gli avanzi di cibo per il compostaggio è un modo efficace per produrre fertilizzante naturale per piante e orti, risparmiando denaro e utilizzando prodotti naturali per salvaguardare l'ambiente e la tua salute. Il compostaggio inoltre riduce la quantità di rifiuti organici che vanno in discarica, diminuendo i costi a carico della collettività (di cui fai parte) sullo smaltimento dei rifiuti.

- Pianificazione dei pasti: La pianificazione dei pasti può aiutare a ridurre lo spreco alimentare acquistando solo ciò che è necessario e utilizzando gli ingredienti in modo completo. Pianificare i pasti e creare liste della spesa sui bisogni effettivi della famiglia può aiutare a ottimizzare i risparmi e diminuire sprechi e costi.

- Conservazione degli alimenti: Imparare le corrette tecniche di conservazione degli alimenti, come il congelamento e il sottovuoto, può contribuire a mantenere gli alimenti freschi più a lungo e ridurre lo spreco alimentare.

In sintesi la logistica inversa domestica può svolgere un ruolo fondamentale nel ridurre lo spreco alimentare attraverso pratiche di organizzazione, utilizzo degli avanzi, compostaggio, pianificazione dei pasti e conservazione degli alimenti. Promuovere queste pratiche all'interno delle famiglie può contribuire a creare uno stile di vita più sostenibile e ridurre l'impianto ambientale derivante dallo spreco alimentare.

11.1 Organizzazione del frigorifero

Come organizzare gli alimenti nel frigorifero:

- *Scaffali superiori:* gli scaffali superiorio del frigorifero sono generalmente più caldi, quindi sono ideali per gli alimenti che non richiedono temperature molto basse. Si possono ad esempio posizionare gli alimenti cotti, i latticini come il formaggio e le salse già aperte.

- *Scaffali intermedi:* Gli scaffali intermedi sono più freddi e possono essere utilizzati per conservare alimenti come la carne cruda o il pesce, che richiedono temperature più basse per mantenere la loro freschezza.

- *Scaffali inferiori:* gli scaffali inferiori sono i più freddi e sono ideali per conservare verdure fresche, frutta e alimenti sensibili al freddo come le uova.

- *Cassetto per le verdure:* il cassetto per le verdure è progettato per mantenere l'umidità e quindi ideale per verdure fresche come l'insalata, carote e peperoni.

- *Porta del frigorifero:* la porta del frigorifero è la zona più calda e quindi è adatta per conservare alimenti che non si deteriorano facilmente, come le bevande, le salse e i condimenti.

In generale è importante mantenere gli alimenti ben confenzionati e sigillati per evitare la contaminazione incrociata e mantenere la freschezza più a lungo. Inoltre, è consigliabile etichettare e datare gli alimenti per tenere traccia della loro freschezza e prevenire lo spreco alimentare.

11.2 Organizzare in maniera corretta gli alimenti nella dispensa

Ecco come organizzare in maniera corretta gli alimenti nella dispensa:

- *Categorie:* Organizza gli alimenti in categorie chiare e facilmente identificabili. Ad esempio, puoi avere categorie come cereali e carboidrati, conserve, condimenti, snack, ecc.

- *Scaffali regolabili:* Se possibile, utilizza scaffali, regolabili per adattare lo spazio alle dimensioni degli alimenti e massimizzare l'utilizzo dello spazio disponibile

- *Prodotti più utilizzati a portata di mano:* Posiziona gli alimenti più utilizzati a portata di mano, a un livello accessibile senza dover spostare troppo altri alimenti.

- *Contenitori trasparenti:* Utilizza contenitori trasparenti per conservare alimenti sfusi come il riso, pasta, farina ecc. Questo ti permette di vedere facilmente cosa c'è dentro e quando sta finendo.

- *Etichettatura:* Etichetta i contenitori e le confezioni con il nome e la data di scadenza per tenere traccia della freschezza degli alimenti e prevenire lo spreco.

- *Rotazione degli alimenti:* Organizza gli alimenti in modo di avere quelli più vecchi davanti e quelli più nuovi dietro. Questo ti aiuterà a utilizzare prima gli alimenti che si stanno avvicinando alla data di scadenza.

- *Pulizia regolare:* Fai regolarmente una ispezione della dispensa per rimuovere alimenti scaduti o deteriorati e per tenere tutto più pulito.

- *Sfrutta lo spazio verticale:* Utilizza scaffali a più livelli o appendi cestini all porta della dispensa per sfruttare tutto lo spazio disponibile.

CAPITOLO 12. ATTENZIONE ALL'OBSOLESCENZA PROGRAMMATA

◆ ◆ ◆

L'obsolescenza programmata è una pratica commerciale che consiste nel ridurre artificialmente la durata dei prodotti. spingendo i consumatori a sostituirli con modelli più nuovi e costosi. Questa strategia ha effetti negativi sia sull'ambiente, a causa dell'aumento dei rifiuti e dell'inquinamento, sia sui diritti dei consumatori, che vedono diminuire la qualità e la riparabilità dei beni acquistati.

Vi siete mai chiesti perché il vostro smartphone si guasta dopo due anni, o perché la vostra lavatrice si rompe dopo appena scaduta la garanzia? La risposta è semplice: si tratta di obsolescenza programmata, una politica commerciale adottata dalle aziende produttrici che ha lo scopo di accorciare la vita dei prodotti, mantenendo alta così la domanda e di conseguenza, gli acquisti di nuovi modelli.

A chi scrive il seguente libro, è appena successo con due apparecchi decoder acquistati lo stesso giorno, stesso modello e stesso marchio, che si sono guastati a distanza di 3 giorni l'uno dall'altro. Ovviamente per quel marchio, che ovviamente non verrà citato, non lascia in me e nella mia famiglia un buon ricordo. L'applicazione della obsolescenza programmata in questo caso è molto evidente. Non una buona pubblicità per il marchio ed è il rischio di quando si vendono modelli dello stesso lotto insieme. In questo caso c'è stato anche un errore del grande distributore che non ha applicato una buona regola: mixare i prodotti di diversi lotti per ridurre i rischi come sopra, evitando che un lotto difettoso o con obsolescenza programmata finisca nelle mani dello stesso cliente, creando così un danno di immagine per l'azienda che commercia. Ripararlo? In questo caso il problema era nel modulo di ricezione IR che nuovo costa 6 Euro, aggiungendo il costo dello stagno per cambiare il modulo, si arriva a un costo che porta inevitabilmente all'acquisto di un nuovo prodotto, visto che il costo del prodotto nuovo è inferiore alla somma di ciò che occorre per ripararlo. Ecco come nella vita quotidiana incontriamo l'obsolescenza programmata.

L'obsolescenza programmata nasce con l'affermarsi della società dei consumi e si manifesta in vari modi: l'utilizzo di materiali di scarsa qualità. la progettazione di componenti difficilmente sostituibili, l'aggiornamento frequente di software e applicazioni che rendono obsoleti i dispositivi precedenti - e qui per inciso va aggiunto che non sempre l'aggiornamento dei software è una cattiva cosa, quando ad esempio questo migliora la sicurezza dei propri dati o il minor consumo della batteria - la pubblicità che crea nuovi bisogni e stimola il desiderio di novità. Questo ultimo è il caso di ottimi brands internazionali che pur non adottando la politica della obsolescenza programmata con prodotti che durano molti anni, creano delle campagne di pubblicità e di stile di vita che portano il consumatore ad acquistare per affermarsi in certo tipo di società in cui domina più la forma che la sostanza.

La pratica della obsolescenza programmata ha delle conseguenze molto gravi sia per i consumatori che per l'ambiente. I consumatori sono costretti a spendere di più per acquistare prodotti che durano di meno, e che spesso non sono riparabili o non hanno pezzi di ricambio disponibili. Inoltrem si trovano di fronte a una riduzione della scelta e delle concorrenza, poichè le aziende tendono a uniformare i propri prodotti e a eliminare quelli più durevoli e affidabili.

L'ambiente, invece, subisce gli effetti dell'aumento dei rifiuti elettronici e degli elettrodomestici, che contengono sostanze tossiche e difficilmente riciclabili. Questi rifiuti occupano spazio, inquinano l'aria, l'acqua e il suolo, e contribuiscono al riscaldamento globale. Inoltre, la produzione di nuovi prodotti richiede l'uso di risorse naturali limitate, come i metalli, il petrolio e l'energia, che vengono sfruttate in modo insostenibile.

Per contrastare l'obsolescenza programmata, è necessario intervenire a vari livelli: legislativo, economico, sociale e culturale. A livello legislativo, è importante che l'Unione Europea e i singoli stati adottino norme che garantiscono il diritto alla riparabilità dei prodotti (è il caso della relazione A9-0008/2021 "Relazione sul nuovo piano di azione della economia circolare", relatori Jan Hiutema e Svenja Hahn, testo approvato e depositato al Parlamento Europeo) , la disponibiltà dei pezzi di ricambio, l'etichettatura della durata e dell'efficienza energetica, e la responsabilità dei produttori per lo smaltimento dei rifiuti. A livello economico, è opportuno che i consumatori siano incentivati a scegliere prodotti più durevoli, riparabili e riciclabili, incentivati a essere più consapevoli - cultura di acquisto -, e che le aziende siano premiate per la qualità e la sostenibilità dei propri prodotti. A livello sociale, è fondamentale che si creino reti di solidarietà e di condivisione tra i consumatori, come le cooperative di riparazione, i mercatini dell'usato, i gruppi di acquisto, che favoriscano il risparmio e il riutilizzo dei prodotti. A livello culturale, infine, è essenziale che si diffonda una maggiore consapevolezza e una maggiore critica verso il modello di consumo dominante, e che si promuova un cambiamento di stile di vita basato sul rispetto dell'ambiente e sul valore delle cose.

L'obsolescenza programmata è un inganno ai danni dei consumatori e del pianeta, che possiamo contrastare con le nostre scelte e le nostre azioni. Non lasciamoci abbindolare dalle sirene della pubblicità e della novità, ma cerchiamo di acquistare prodotti che ci soddisfino e che ci durino nel tempo, e di dare una seconda vita a quelli che non usiamo più. In questo modo, potremo risparmiare denaro, salvaguardare l'ambiente e migliorare la qualità della nostra vita.

Non esiste una misura precisa di quanto l'obsolescenza programmata aumenti i costi rispetto a riparare, tuttavia esiste un rapporto della Commissione Europea, secondo cui il costo medio di riparazione di un elettrodomestico è di circa 100 euro, mentre il costo medio di sostituzione è di circa 350 Euro. Quindi, riparare un elettrodomestico anziché sostituirlo permetterebbe di risparmiare circa 250 euro. Inoltre, secondo lo stesso rapporto, se tutti gli elettrodomestici fossero riparati invece che sostituiti, si potrebbero evitare circa 18,5 milioni di tonnellate di emissioni di CO_2 e 1,8 milioni di consumo di risorse all'anno.

Secondo uno studio della Fondazione Ellen MacArthur , il costo medio di riparazione di uno smartphone è di circa 50 euro, mentre il costo di sostituzione è di circa 300 euro. Quindi, riparare uno smartphone anziché sostituirlo permetterebbe di risparmiare circa 250 Euro. Inoltre, secondo lo stesso studio, se tutti gli smartphone fossero riparati invece di essere sostituiti, si potrebbero evitare circa 14 milioni di tonnellate di emissioni di CO_2 e 1,2 milioni di tonnellate di consumo di risorse all'anno.

CAPITOLO 13. UNA PICCOLA BUONA PRATICA. LE LUCI CON SENSORI PIR

❖ ❖ ❖

Applicare luci a basso consumo con sensore pir nei corridoi può portare a un risparmio significativo annuale sui consumi energetici e le emissioni di CO_2. Il sensore pir, infatti, permette di accendere le luci solo quando rileva la presenza di persone, evitando così gli sprechi di energia. Le luci a basso consumo, invece, consumano meno energia e durano più a lungo rispetto alle lampadine tradizionali.

Per calcolare il risparmio annuale sui consumi energetici, bisogna considerare alcuni fattori, come il numero delle luci, la potenza, il costo dell'energia e il tempo di utilizzo. Ad esempio, supponiamo di avere 10 luci da 10 W ciascuna, ad un costo energetico di 0,20 Euro/KWh e che sono accese per 8 ore al giorno. Il consumo annuale di queste luci sarebbe:

10 x 10 x 8 x 365 = 292000 Wh = 292 KWh
il costo annuale di questi luci sarebbe:

292 x 0,20 = 58, 4 Euro

Se sostituiamo queste luci con delle luci a basso consumo da 5 W ciascuna, il consumo annuale si ridurrebbe a:

10 x 5 x 8 x 365 = 146000 Wh = 146 KWh

il costo annuale di ridurrebbe a:

146 x 0,20 = 28,2 Euro

Se inoltre applichiamo un sensore pir che accende le luci solo quando ci sono persone, supponendo che il corridoio sia occupato per il 50% del tempo, il consumo annuale si ridurrebbe ulteriormente a:

10 x 5 x 4 x 365 = 73000 Wh = 73 KWh

il costo annuale si ridurrebbe ulteriormente a:

73 x 0,20 = 14,6 Euro

Quindi il risparmio annuale sui consumi energetici sarebbe:

292 - 73 = 219 KWh

Il risparmio annuale sul costo sarebbe:

58,4 - 14,6 = 43,8 Euro

che in percentuale si traduce in un risparmio del 75%.

Questo è solo un esempio, i valori reali possono variare a seconda delle condizioni specifiche. Tuttavia, si può notare come applicare luci a basso consumo con sensore pir nei corridori possa portare a un risparmio significativo annuale sui consumi elettrici.

CAPITOLO 14. UN ESEMPIO VIRTUOSO: LA LEGGE SUL RIUSO IN FRANCIA

La legge sul riuso in Francia entrata in vigore nel febbraio 2021 è una normativa che mira a ridurre i rifiuti e a promuovere l'economia circolare. Tra le principali misure previste dalla legge, ci sono:

- Il divieto di distruggere i prodotti alimentari invenduti e l'obbligo di donarli a enti caritativi o a scopi sociali

- il divieto di riutilizzare contenitori monouso per alimenti nei ristoranti con più di 20 posti a sedere, che devono usare stoviglie lavabili e riutilizzabili.

- L'abolizione della stampa automatica degli scontrini, che devono essere richiesti dai clienti o inviati in formato elettronico.

nsu- l'obbligo di riutilizzare prodotti derivati da riutilizzo o contenenti materiali riciclati negli appalti pubblici, con percentuali che variano dal 20% al 100% a seconda del prodotto.

- L'introduzione di un indice di riparabilità per prodotti elettronici ed elettrodomestici, che indica il grado di facilità di riparazione e la disponibilità dei pezzi di ricambio.

- L'istituzione di un fondo di riparazione, che prevede un incentivo economico per i consumatori che riparano i proprio prodotti presso un tecnico certificato da Ecosystem e Ecologic, due eco-organizzazioni che gestiscono il fondo di riparazione. Ad ogni riparazione presso un tecnico certificato, si ottiene uno sconto pari al 20% del costo medio di riparazione.

Ciò che permette a questa legge di essere efficace è il fatto che stabilisce anche un costo massimo di riparazione che i tecnici certificati eco-sostenibili (gli unici presso i quali puoi usufruire dello sconto riparazione) possono addebitare in fattura: il costo di riparazione deve essere compreso tra i 150 euro e i 180 euro. Il valore minimo del costo di riparazione garantisce ai centri di riparazione di poter garantire una riparazione di qualità, mentre il massimo di 180 euro incentiva i consumatori a riparare piuttosto che acquistare nuovi prodotti.

Secondo un rapporto dell'ADEME, l'Agenzia francese per la transizione ecologica, la legge sul riuso in Francia potrebbe portare a un risparmio economico di circa 12,8 miliardi di euro all'anno per i consumatori e le imprese, e a un risparmio energetico di cira 38,6 terawattora all'anno (38,6 miliardi di KWh), equivalente al consumo di 3,5 milioni di abitazioni. Inolte, la legge potrebbe evitare l'emissione di circa 8,4 milioni di tonnellate di CO_2 all'anno, equivalenti al traffico annuo di 4,7 milioni di automobili. Riparare permette di razionalizzare i trasporti, diminuendo il consumo di carburante, le emissioni di gas serra, i costi per le aziende, ridurre i costi per i consumatori finali sui quali il costo carburante incide.

Secondo la stessa Agenzia, la legge sul riuso porterebbe alla creazione di 300.000 posti di lavoro diretti e indiretti nel settore dell'economia circolare entro il 2030, con un aumento del 10% rispetto al 2015. Inoltre, la legge potrebbe generare un valore aggiunto di circa 15 miliardi di euro all'anno per l'economia francese, con un aumento del 13% rispetto al 2015.

CAPITOLO 15. ESPERIMENTI DI RIUSO PER ESPERTI CON LE PILE LR03

◆ ◆ ◆

Premesso che quello che leggerete in questo capitolo è classificabile come DO NOT TRY AT HOME, NON PROVATE A CASA!

Premesso che le pile LR03, AAA o alcaline AAA siano progettate come pile non ricaricabili e non siano adatte per essere ricaricate, l'indicazione obbligatoria di legge riporta "attenzione possono esplodere se ricaricate" tuttavia sperimentando (solo per esperti) ho trovato un caricatore di batterie per batterie NiMh che riesce a caricarle con un rischio molto basso. Non è possibile farlo ed è veramente pericoloso, l'esplosione è sicura, con caricabatterie attualmente in commercio perchè sono progettati per batterie ad alto potenziale, quindi con uscite di corrente in ricarica troppo elevate per le LR03.

Tuttavia in casa avevo un caricatore Energizer CHDC Ultra compact charger con le seguenti caratteristiche
- Input AC 100-240 V - 50/60 Hz 6W
- Output DC 2,6 V - 360 mA x 2 (AA)
DC 2,6 V 120mA x 2 (Per Channel)

Sul quale nel tempo ho fatto esperimenti dopo aver letto manuali e forum. Ripeto sono esperimenti che ho fatto in sicurezza, in ambienti ignifughi, in luoghi sicuri senza presenza di persone e con un salvavita installato. Fatto con coscienza di rischio e conoscenza delle probabilità di rischio e questo significa DO NOT TRY AT HOME, non provate a casa, a meno che non siate consapevoli dei rischi ed esperti.

Il risultato degli esperimenti è che le pile R03 che sono più economiche ma più impattanti da un punto di vista ambientale avendo una capacità energetica inferiore e un ciclo di vita inferiore, andando così a impattare maggiormente sulle vostre tasche (basti pensare che se acquistare solo R03 in un anno avrete un costo superiore all'acquisto di sole LR03 pari a 2,5 Euro, ovvero acquistando LR03 potrete risparmiare soldi per poter acquista 4-5 pile LR03 l'anno seguente), non sono assolutamente ricaricabili. Esplodono, emettono gas nocivi e fuoriesce liquido acido. Infatti sulla loro confezione è chiaramente scritto il divieto di ricaricarle.

I test sulle pile LR03 con il modello di caricatore Energizer sopra citato, invece hanno avuto un esito molto positivo. Su centinaia di tentativi di ricarica, nessuna pila esplosa, solo in due casi sono fuoriusciti dei sali dalla parte superiore e inferiore delle pile.

E' da premettere che tali esperimenti vanno fatti con scienza e coscienza e che bisogna sapere che non tutte le LR03 sono uguali, alcuni marchi sono migliori di altri. Alcuni marche che producono LR03 sono migliorim più robuste, con rivestimenti più sicuri e resistenti a sovrariscaldamenti e che possono essere ricaricate più volte. Ovviamente io parlo dei test fatti con il mio caricatore. Altri caricatori potrebbero essere veramente molto pericolosi, scaldare troppo le LR03 e farle esplodere.

Quello che mi interessa farvi notare è il risparmio ottenuto con questa soluzione che io applico a casa (e che non vi cosiglio di fare a casa vostra).

Per calcolare il risparmiio derivante dalla ricarica di una pila LR03 (AAA), dobbiamo considerare il costo dell'elettricità utilizzata per la ricarica rispetto al costo di acquisto di una nuova pila.

Supponiamo che il costo medio dell'elettricità nella tua area si di 0,20 euro per kWh. Una pila LR03 ha una capacità tipica di 1000

- 1200 mAh.

Calcolo del consumo di energia per la ricarica: una pila da 1200 mAh orari con un caricatore da 120 mAh richiede 10 ore di ricarica

120 x 10 x 2,6 = 2,6 Wh

Quindi per ricarica una pila il consumo energetico è di 0,003 kWh

Calcolo del costo energetico per ricarica una pila LR03:

0,003 kWh 0,20 euro/kWh = 0,006 euro

Confronto con il costo di una nuova pila
Il costo di una nuova pila LR03 varia, ma supponiamo che sia di circa 0,50 euro a pila.

Quindi, il risparmio derivante dalla ricarica di una pila LR03 sarebbe di circa 0,50 euro meno 0,0006 euro = 0,4994.

In pratica con la ricarica si risparmia l'intero costo di una batteria nuova.

Il consumo medio familiare di pile LR03 in un anno è di 30 pile per famiglia.

Quindi il risparmio familiare ricaricandole almeno una volta è di (considerando che 15 devono comunque essere acquistate e che intendiamo ricaricarle una sola volta)

15 x 0,4994 = 7, 49 Euro annui

Ovvero il riacuisto di 15 pile per l'anno successivo.

Quindi ricaricare le pile permette di riacquistare le pile per l'anno successivo al solo costo delle prime 15 pile che acquistiamo, con un risparmio del 100 % per tutti gli anni seguenti.

Detto questo in conclusione acquistare pile ricaricabili NiMh (che non sono le LR03 AM4 alcaline come sopra) aumenta notevolmente il risparmio considerando che hanno un ciclo di vita di 500-1000 ricariche. L'esempio sopra è un mio test e esperimento che non si deve considerare come scientifico, ma un tentativo creativo di riuso delle pile che troviamo quando acquistiamo nuovi apparecchi, che invece di buttarle via, ho tentato di riusarle, con risparmio in denaro e in sostenibilità ambientale, con un particolare apparecchio di ricarica non più commercializzato.

Lo scopo di questo capitolo è quello di sensibilizzare le famiglie a utilizzare batterie ricaricabili e apparecchi senza batterie alcaline all'interno evitando sprechi in denato e sprechi di risorse.

CAPITOLO 16. QUANTI SOLDI SI RISPARMIANO DIMINUENDO IL CONSUMO GIORNALIERO DI 100 WH

◆ ◆ ◆

Per calcolare il risparmio giornaliero derivante dalla diminuizione del consumo medio orario di 100 Wh, è necessario considerare il costo dell'energia elettrica nella tua regione.

Supponiamo che il costo medio dell'energia elettrica sia di 0,20 euro per kWh

Se il consuno medio orario diminuisce di 100 Wh, allora il risparmio giornaliero sarà

100 Wh x 24 = 2400 Wh/giorno

in kWh

2400 Wh / 1000 = 2,4 kWh

in euro equivale a un risparmio di

2,4 kWh/giorno x 0,20 euro/kWh = 0,48 euro / giorno

che in mese equivale a

0,48 x 30 = 14,40 Euro

a cui applicando l'iva del 10 % sulla componente elettrica equivale a un risparmio mensile di

14,40 x 1,1 = 15,84

pari a un risparmio annuo di

15,84 x 12 mesi = 190,08 Euro

Il dato di rispamarmio in termini di soldi non è da sottovalutare per una famiglia tipo.

Ma il dato impressionante è il risparmio in termini di emissioni di gas serra.

Risparmiare 100 Wh x 24 ore, ovvero 2,4 kWh giornalieri corrisponde a un risparmio annuale di 438000 kg di gas serra emessi nell'atmosfera.

Un risparmio in emissione di gas serra nocivo per l'ambiente pari a un auto che percorre 3750 km. Non è poco se si considera che per mille famiglie corrisponde a 3.750.000 km ovvero il risparmio di gas serra prodotto da 350 auto che percorrono 15.000 km annui.

L'autore di questo libro applicando i consigli presenti in questo libro per il risparmio energetico, promettendosi di migliorare, è passato da un consumo annuo di 3500 kWh a un consumo annuo di 2412 kWh annui, con un rispamio di 1088 kWh, pari al 31,09 %, con un risparmio monetario annuo di 217,60 euro e in gas serra di 544 kg annui, pari a un auto che percorre 4533,33 km annui. Ovvero un risparmio superiore a 100 W orari (2,4 kWh giornalieri), che considero personalmente un obiettivo minimo a cui ogni famiglia dovrebbe tendere a raggiungere. L'obiettivo personale, grazie anche agli applicativi che permettono di monitorare il consumo energetico in tempo reale, come misuratori di consumo che possono essere applicate alle prese della corrente di casa, app smart, app delle compagnie energetiche che permettono di avvisare con notifiche consumi eccessivi, i nuovi contatori Enel che permettono di inviare dati in tempo reale, è quello di ridurre ulteriormente i consumi avvicinandomi con altre accortezze ai 2000 kWh annui. Ovviamente questi risparmi si possono avere ottimizzando i consumi, senza dover rinunciare a nessuna comodità necessaria.

CAPITOLO 17.
TAGLIANDI REGOLARI E MANUTENZIONI REGOLARI DELL'AUTO: I BENEFICI

◆ ◆ ◆

Nonostante sia difficile fornire una cifra esatta in termini di risparmio economico poichè dipende da vari fattori, tra cui il costo della manutenzione e delle riparazioni, l'età e lo stato attuale dell'auto, e l'intensità di utilizzo del veicolo, è ragionevole, tuttavia, aspettarsi che una manutenzione regolare e tempestiva possa contribuire a ridurre i costi complessivi di gestione dell'auto nel corso della sua vita utile, risparmiando sui costi di riparazione e sostituzione e mantenendo un valore residuo più elevato dell'auto stessa.

Effettuare un tagliando regolare e le riparazioni necessarie possono avere diversi benefici in termini di prolungamento della vita dell'auto e risparmio economico nel lungo termine:

- *Prolungamento della vita dell'auto:* effettuare regolarmente il tagliando e le riparazioni necessarie può aiutare a mantenere il veicolo in buone condizionii meccaniche, riducendo il rischio di quasti improvvisi e il deterioramento dei componenti critici dell'auto. Questo può contribuire a prolungare la vita utile dell'auto e mantenere le prestazioni ottimali nel corso del tempo

- *Risparmio economico:* Effettuare regolamente il tagliando e le riparazioni può contribuire a identificare e risolvere tempestivamente eventuali problemi meccanici, evitando che si trasformino in guasti più gravi e costosi in futuro. Mantenere l'auto in buone condizioni meccaniche può contribuire a migliorare l'efficienza del carburante e ridurre i costi di manutenzione nel tempo. Una manutenzione preventiva regolare può ridurre il rischio di costosi interventi di riparazione o sostituzione di componenti critici dell'auto, come il motore, la trasmissione o il sistema di sospensioni.

CAPITOLO 18. UTILIZZO DI POWERBANK A RICARICA SOLARE. HA SENSO?

◆ ◆ ◆

Supponiamo di avere in casa due telefoni smartphone con una capacità di batteria di 5000 mAh, uno smartwatch da 500 mAh e un paio di auricolari bluetooth, quanto possiamo risparmiare all'anno utilizzando una powerbank a ricarica solare?

Per calcolare il potenziale di risparmio energetico utilizzando una power bank a ricarica solare. è necessario considerare il consumo di energia di ciascun dispositivo, la frequenza di ricarica e l'efficienza della power bank solare.

Supponiamo che i due telefoni da 5000 mAh richiedano una ricarcia completra ogni due giorni, lo smartwatch una ricarica ogni tre giorni, e che gli auricolari e gli altri piccoli dispositivi richiedano complessivamente 1000 mAh al giorno.

La capacità giornaliere dei dispositivi è:

2 x 5000 mAh / 2 giorni + 500 mAh / 3 giorni + 1000 mAh = 8000 mAh / giorno

Ora se utilizziamo una power bank a ricarica solare, dovremmo tener conto dell'efficienza della ricarica solare. L'efficienza media una power bank solare è del 20%

Significa che mediamente con il 100% di ricarica della power bank, si ha una efficienza di restituzione della stessa energia in uscita del 20%, ovvero se la power bank è di 8000 mAh, per caricare la stessa quantità di energia occorre caricarla mediamente 5 volte. (La media è calcolata da vari fattori, tra cui il fatto che le power bank nel tempo perdono potenza, che spesso hanno una capacità nominale alta ma che in realtà la reale capacità è molto inferiore, la resa dipende anche dalla temperatura ambiente e tantissimi fattori). Caricare una power bank 5 volte in un giorno diventa complesso, ma si possono avere 5 power bank da 8000 mAh (una power bank da 40.000 richiede molto tempo di ricarica al sole, ogni power bank da 8000 mAh poche ore di ricarica solare).

Ora per calcolare il risparmio annuo,

40000 mAh / giorno x 365 giorni = 14.600.000 mAh

Per convertire l'energia in mAh in energia in kWh, possiamo utilizzare la seguente formula

$Energia_{kWh}$ = 14.600.000 mAh x 5V x 10^{-3} / 1000 = 73 kWh

Ora, per calcolare il costo energetico, possiamo moltiplicare l'energia totale (espressa in kWh) per il costo dell'elettricità per kWh. Supponiamo un costo medio dell'elettricità di 0,20 euro per kWh

$Costo_{energia}$ = 73 kWh x 0,20 euro / kWh = 14,6 euro

In sostenza in un anno si ammortizza il costo di una power bank, dall'anno successivo è tutto risparmio. Addirittura con il risparmio in due anni si può ricomprare e ricoprire totalmente o parzialmente il costo di qualche dispositivo che si romperà per obsolescenza programmata. Se fosse invece introdotta una legge contro l'obsolescenza programmata e che introduca il diritto alla riparazione, si potranno coprire i costi di manutenzione di tali apparecchi allungando la vita dei nostri dispositivi, risparmiando ulteriormente e migliorando la nostra qualità di vita.

ABOUT THE AUTHOR

Andrea Dolfi

Classe 1983. Laureato in Filosofia con tesi sul sistema logico New Foundation di Quine. Ex dirigente politico provinciale. Master in Ottimizzazione della Catena Logistica presso la ELBS Business School. Attualmente studente presso la stessa scuola in MBA Amministrazione e Gestione Aziendale. Si occupa di Logistica presso una  azienda che opera in tutto il territorio nazionale. Ascolta musica classica e punk. Appassionato di diritti civili, convinto pacifista. Si occupa da tempo di risparmi energetici. Sperimentatore comunicativo.

Instagram @thetuscanianman